大事業承継時代の
羅針盤

税理士 小西 孝幸
Takayuki Konishi

税理士 小林 将也
Masaya Koboyashi

同友館

はじめに

伊勢神宮の門前にある老舗和菓子店は、会社としての今後の在り方で意見が食い違い、臨時株主総会で当時の社長が解任されるという事態に陥りました。老舗家具店の父と娘が、骨肉の争いで裁判にまで発展した事業承継に関するトラブルは記憶に新しいところです。

こうした事業承継に関するニュースを目にするたびに、「大きな会社は大変だ」「やっぱり会社って株主のものなんだ」「後継者選びは難しいな」なんて思っている経営者のみなさん、まるで傍観者になっていませんか?

起業して30年も経てば、どんな会社でも将来どうするのかを考えるタイミングが巡ってきます。廃業しないかぎり、会社は経済活動をこれから先も継続していくことが前提です。老舗企業、長寿企業と呼ばれるような会社は、何百年と経済活動を継続してきた結果としての今があります。ですから、あえて言わなくても当然のことだと思われるのかもしれません。

私たちがこれまでに出会った経営者は、いま目の前の事業のことや、中長期的な事業計画に対しては非常にシビアですが、「事業承継」という言葉を聞くと、途端に消極的になる、もしくは考えたことがないという方が大半でした。

その理由はいくつかありますが、一番の理由はインフォメーション不足なのだと思います。

ほとんどの会社には顧問税理士がいます。経営者は顧問税理士に税務の細々とした相談事や、今後の事業計画などを相談されるでしょう。ひと昔前の顧問税理士は、経営者の参謀のような役割を担い、経営者側もそのアドバイスを重んじていましたが、最近では経営者と顧問税理士の関係性が希薄になっているように感じます。

本来であれば、経営者と顧問税理士がじっくりと向き合って会社の将来のことについて話し合ったり、時に経営者にとっては耳が痛いことも辞さず議論することで、会社の健全化に寄与することが理想です。しかし、じっくりと向き合う機会が減っているということで、どちらかが事業承継に関して言い出さない限り、事業承継について考える機会も減っているということが考えられます。

複数の会社を経営していれば別ですが、経営者にとって事業承継は、経営者人生において一生に一度しか経験しないことです。人の経営者が起業し、事業承継を考えるのは20年30年、もしかしたら50年先かもしれません。事業承継に関する知識が乏しいのは仕方ないことなのです。

では経営者は、いつ事業承継について考えたり、準備しなければいけないと思うのでしょうか。セミナーなど自主的に勉強の場に参加することで、事業承継について考える機会を得ることもあるとは思いますが、多くは、急に体調を崩して働けなくなったときや、60代70代に入って、経営者としてだけでなく、一人の人間としての老後を考えるときでしょう。しかし、それでは遅いのです。

遅いというならば、税理士がもっと情報提供してくれたらいいのではないかというご意見はごもっともだと思いますが、先述のように、経営者と顧問税理士の関係性が以前とは少し変わってきていること。それからもう一つ、これがとても重要なのですが、税理士全員が事業承継に詳しいのかといったら、そうではないのです。事業承継は、相続税対策といった税務に関連してくることではありますが、税理士にも得意な領域と、そうでない領域があり、事業承継に関する業務をほとんど経験したことがない税理士は、世の中にたくさんいるのです。

つまり、あなたの会社の顧問税理士に事業承継に関する業務の経験がほとんどなければ、経営者に「事業承継について考えませんか」なんて言ってきません。税理士だから何でも知っているはずだというのは、残念ながら幻想です。そして「自分は事業承継に関する業務は得意ではありません」と自ら公言する税理士なんていないと思います。事業承継に関する業務の経験がある税理士に依頼しなければ、事業承継は円滑に進みません。いろいろな面でインフォメーション不足だと感じています。

暖簾を守って100年以上という老舗企業であっても、その歴史は一日、一日の積み重ねです。創業者以降、二代目、三代目と事業承継で後継者に会社を譲り渡し、安定した経済活動を送ってきたからこそです。事業承継は会社の将来を考えるとき、必ず行わなければいけませんが、廃業する会社は後を絶ちません。社会経済の影響を受けたことで、廃業を余儀なくされる場合もありますが、後継者不在で事業承継が上手くいかなかったということも、大きな理由の一つだといえます。

こうした状況を踏まえ、税理士という立場から、一人でも多くの経営者に事業承継について情報提供したいと思い、本書を執筆しました。難しいことにはなるべく触れず、事業承継とは何なのか、基礎中の基礎の部分だけ知っていただくことを目的としています。

経営者のみなさんの事業承継に関する知識は基礎だけで構いません。事業承継に向けて何をすればいいのかといったプランニングや、税務がどうなるのかといった細かなことはプロである税理士を含めた専門家が考え、提案することだからです。

まずは事業承継が会社にとってどれだけ重要なことなのかを知っていただきたい。そして一日も早く事業承継に取り組んでいただくことが、誰よりも〝経営者のためになることである〟ということを本書で理解いただきたいと願っています。

ワイズ・パートナーズ税理士法人
代表社員　税理士　小西孝幸
代表社員　税理士　小林将也

◎目　次

はじめに　iii

第1章　事業承継は、企業永続のために行う経営者最後の大仕事……1

●事業承継を取り巻く環境　2
社長の平均年齢は59.3歳。経営者が高齢化している　2
10年先、考えたことがありますか?　4
なぜ経営者が高齢化しているのか　6
どう事業承継していいのか、わからない　8
事業承継は経営者最後の大仕事　10
事業拡大、収益拡大。頑張ったことが裏目に　13
事業承継は後継者のためでなく、経営者のために行うもの　16

●生きた事例、日本の老舗企業の事業承継に学ぶ　19
日本は世界一の長寿企業大国　19
100年以上続いた理由は、事業承継が上手くいったから　23
ハーバードも参考にする日本の老舗企業に学ぶ長寿の秘訣　24
6つの定石に見る家業を継続しようとする強い意志　26
老舗企業から学ぶ、事業継続に対する姿勢　32
●事業承継の出口は、たった4つしかない　35
4つの出口を知ることから始めよう　35
親族内承継が当たり前だった時代は終わった　37
●組織再編、それは個々の会社にあわせたカスタマイズ事業承継　38
時代の変化と共に、事業承継はより複雑に　38
今から準備するならば、事業承継+組織再編　40
組織再編の活用で、事業承継の選択肢は増える　44
【コラム】日本を代表する企業の長期ビジョン　45

第2章　経営者一人ではできない事業承継……49

●事業承継で経営者が直面する課題　50
事業承継における課題は3つ　50
事業承継で潰れてしまう会社とは、こんな会社　52
後継者問題と自社株問題が解決すれば、相続問題もスムーズに　55
元経営者になってからも安心できる体制がつくれたら　59
●事業承継は、専門家に任せよう　61
事業承継　成功の秘訣は経営者の自発性　61
廃業を最終手段にしたくないなら専門家の力を　64
顧問税理士が何も言わないのは、準備の必要がないから？　67
顧問税理士と事業承継専門の税理士は友好な関係　70
【コラム】事業承継の流れ　73

第3章 経営者が考え、取り組むべきこと 後継者問題 …………77

●後継者問題を考える 78
後継者不足に悩む中小企業 78
社員のモチベーションアップ！ 社内独立を活用した権限委譲の仕組み 82
わが社の将来を明確にイメージしよう 84
●後継者がいない場合はどうする？（親族外承継） 86
親族内承継とは勝手が違う親族外承継 86
従業員に会社を譲る親族外承継（ＭＢＯ） 87
第三者に会社を譲る親族外承継（Ｍ＆Ａ） 90
●後継者対策の始め方（親族内承継） 93
一日でも早く、できることから始めよう 93
経営者が積み上げてきたものを、そのまま引き継ぐことはできない 95

第4章 経営者が考え、取り組むべきこと 自社株問題

第4章 経営者が考え、取り組むべきこと 自社株問題 …… 99

●自社株問題を解決できるのは、経営者しかいない 100
後継者の影に隠れがちな自社株問題 100
相続税が払えず大問題に 102
なぜ自社株の評価を意識しないのか 106
意思能力の低下で株式を動かしたくても動かせない 108
自社株問題についての問題意識を持とう 110

●自社株対策の始め方 112
自社株の評価を知る〈もしものときの相続税早見表〉 112
株式は後継者一人に集中させる 114
上場していないから自社株は売れないという思い込み 115
株式買取請求権の恐怖 118
分散を放置することは、将来後継者に買取交渉をさせるということ 121
株価対策の王道は役員退職金 124

第5章　ホールディングス体制で、会社の未来が変わる……129
●組織を変えることが自社株対策になる　130
役員退職金だけでは不十分　130
●合併・分割・株式交換の具体例　131
合併／会社が大きくなれば株価は下がる？　131
分割／大きすぎる会社、時にはダイエットが効果的　133
株式交換／兄弟と親子の関係では株価が大きく違う　135
●おすすめは株式移転＝ホールディングス体制　139
組織再編の中でも万能選手、株式移転　139
ホールディングス体制なら、後継者問題と自社株問題を同時に解決　141
ホールディングス体制で支配権を維持　143
【コラム】事業承継に活用されるさまざまな制度　146
従業員持株会　147
種類株式　148

属人的株式　149
一般社団法人、一般財団法人　150
信託　152

第6章　事業承継を成功させるために

事業承継を成功させるために……155
●知っているのと知らないのでは大違い　156
無知であることの恐ろしさ　156
●税理士を味方につけるには　158
顧問税理士との関係性、希薄になっていませんか？　158
パートナーとなる税理士、どう選べばいい？　161
セカンドオピニオンは当たり前　164
●ビジョンはありますか？　168
会社が10社あれば、10通りの事業承継がある　168
結局重要なのは信頼関係　170

あなたの想いを聞かせてください　173
【コラム】本書の著者は、どんな税理士？　175
おわりに　181

第1章

事業承継は、企業永続のために行う経営者最後の大仕事

事業承継を取り巻く環境

●社長の平均年齢は59.3歳。経営者が高齢化している

仕事は元気のもとだから、生涯現役でいたい。死ぬまで働きたいと思っている経営者は多いでしょう。

会社勤めで定年が定められていれば、会社を辞めるときが来るのは仕方ないことです。しかし、自分が経営者であれば定年はないので、好きなだけ働けます。定年がないということが経営者という立場の魅力でもあり、働くことに生きがいを感じる人にとって、たまらない特権でしょう。

私たちのお客さまの中にも、20、30と年齢差のある私たちが驚くほどお元気で、生涯現役を公言されている経営者がたくさんいらっしゃいます。

事業承継を考え、私たちに相談を持ちかけられたものの、どうしても踏ん切りがつかなかったのでしょうか。「まだ現役で働きたいし、自分はまだ働ける」ということで、事業承継に向けた準備を保留にしている方もいます。

【図1】社長の平均年齢と交代率の推移

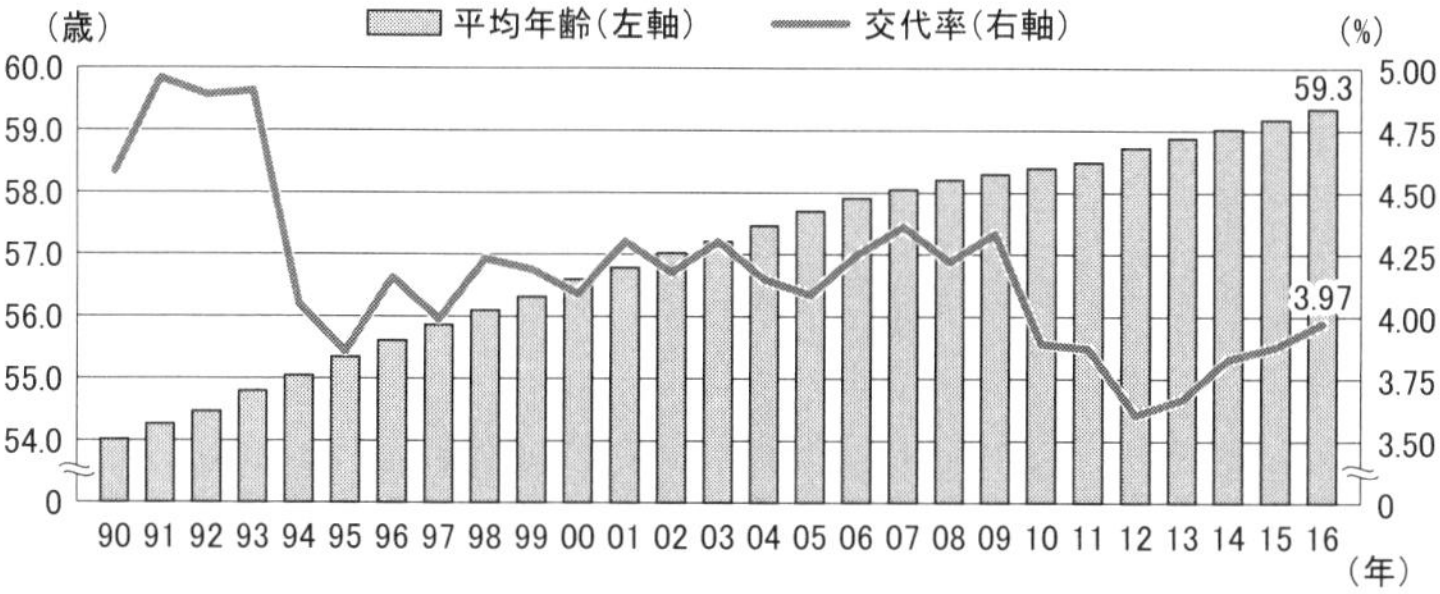

出所：帝国データバンク調査（2017.1.31）

もちろん本書は事業承継がテーマであり、いかに経営者である社長が後継者に会社を引き継ぐのかについて書いていますが、そうした生涯現役を貫きたい経営者のやりがいを損なわないような事業承継の方法もお伝えしていくので、安心して読み進めてください。

事業承継の話に進む前に、世の中の経営者たちの現状を見てみましょう。

企業における経営者の平均年齢が高齢化の一途を辿っているということをご存知でしょうか。

帝国データバンクがまとめた『全国社長分析（2017年）』を見ると、社長の平均年齢は59.3歳（【図1】）。ほぼ60歳となり、これは過去最高の数値だといいます。社長交代率は3.97%で、4年連続で前年を上回っています。

さらに２０１６年に社長交代を行った企業の前代表の年齢の平均が67．１歳。世の中の多くの社長が、70歳まであと少しというところまで現役を貫かれている。言わずもがな、これは平均値なので、70歳を超えながら仕事を続けている社長も多いことが予想できます。

ちなみに社長の平均年齢は、年商が５００億円以上の企業では、若返りの傾向があるのに対し、年商1億円未満の企業では、上昇傾向にあります。国内企業の９割強は中小企業だといわれていることを考えれば、総じて社長は高齢化の傾向にあるといえます。

●10年先、考えたことがありますか？

現在は、「社長は風邪ひとつひかない」と、家族や社員に冗談めかして言われるくらい元気。健康づくりのためにウォーキングやジム通いを日課とし、食生活にも気を使っている。1年に1度の人間ドックで特に目立った病気も見つかっていないとしても、1年経てば次の誕生日がやって来て、またひとつ歳をとります。

月日というのは、誰に対しても平等に巡ってくるものですし、不老不死の人はいません。厚生労働省が発表している平成27年簡易生命表によれば、男の平均寿命は80．79年、女の平均寿命は87.05年です。先に紹介しましたが、２０１６年に社長交代を行った企業の前代表の年齢の平均が67.1歳。ということは、平均寿命まで、あと10年といった段階で、事業承継を行っていることになります。

この数値をどう受け止めたらいいのでしょうか。あと10年と考えるべき？それとも、まだ10年と考えるべきでしょうか。

まだ10年もあると受け止めていたとしても、経営者が残りの10年を健康的に過ごせるという保障はありません。もしかしたら病気を患って入退院を繰り返しながらの10年になってしまうかもしれません。

元気なうちは、10年後に年商を2倍にしたい、新しい事業に参入したいといった、会社を拡大することに対して積極的に思いが巡ります。しかし、自分が立ち上げた、もしくは先代から受け継いだ会社を、後継者に譲る。つまり自分が現役を引退するという事業承継に関しては、あまり考えが及ばないかもしれません。むしろ考えたくないという経営者は多いはずです。

ご自身が極めて健康体であったとしても、不慮の事故に巻き込まれることだってあります。もし経営者の人生に急に不幸が襲ってきたら、大切な会社はどうなってしまうのでしょうか。

大切な会社を廃業させることを願う経営者は、この世の中に一人もいないはずなのに、毎年多くの企業が廃業していきます。とても残念なことです。

●なぜ経営者が高齢化しているのか

日本人の平均寿命が伸び、世の中にはおじいちゃん、おばあちゃんと呼ぶのが相応しくないと思えるほどお元気な高齢者が増えました。昔は60歳でおじいちゃん・おばあちゃんでしたが、いまの時代、60歳ではおじいちゃん・おばあちゃんとは呼びにくいくらいです。平均寿命が伸びたことに伴い、世代交代のタイミングが遅くなっているというのは先に示したデータのとおりです。人生１００年という数字も見えてきた今、生きている以上はお金が必要ですから、なるべく長く働きたいと思うのも当然かもしれません。

しかし、経営者が高齢化している理由は他にもあります。それは後継者不足です。

ひと昔前の日本では、家業は子供が継ぐものという暗黙のルールのようなものがありました。ですから、事業承継においては、親族内承継がほとんどだったのです。特に老舗と呼ばれるような歴史の長い企業は、子供の頃から「お前が継ぐのだ」と言われて育った後継者が継ぎ、その歴史を積み重ねてきました。

しかし現代においては、そうした親族内承継が難しくなっています。子供に恵まれなかったということで後継者自体がいないというだけではありません。後継者候補となる息子さんや娘さんはいるのです。それでも、後継者がいないという経営者は少なくありません。どうしてですかと聞いてみると、こんな答えが返ってきたこともあります。

「息子は今年、別の会社に入社した。うちを継いでくれるのかと聞いたこともないし、息子から継ぎたいと言われたこともない」

継いでくれたらいいなとは思っているけれども、本人の意思を確認したこともなければ、継いでほしいとお願いしたこともない。あくまで子供の意思を尊重するというスタンスを取っているそうです。意思を尊重するといえば聞こえはいいのですが、家業は身内で守っていくものという意識が乏しくなったことが、経営者の高齢化に拍車をかけているのだと考えられます。後継者はいないけれど、自分はまだまだ元気。働けるうちはこのまま働き続けようと考える経営者が増えたのです。

●どう事業承継していいのか、わからない

日々のニュースに注目してみると、事業承継によるトラブルは決して少なくはありません。ですがニュースを見ているだけだと、どことなく他人事のような気がします。

「あそこは超有名企業だから相続で揉めるのかもしれないけれど、うちみたいな小さいところなんて、揉めるほどの資産もないから関係ない……」

本当にそうでしょうか。

起業して、会社を何十年も経営してきたとしても、経営者にとって事業承継は一生に一度しか経験しないものです。複数の会社を経営していれば話は別ですが、基本的には経営者が後継者に会社を譲る機会というのは一度だけ。だから経営者のほとんどが経験したことがありません。

この〝経験したことがない〟ということが、事業承継を失敗に導く大きな原因なのだと思います。つまりどうやって事業承継したらいいのかわからないのです。その証拠に、本書を手にしている経営者のみなさんに質問してみたいと思います。

「事業承継は、何から始めたらいいのかご存知ですか?」

さまざまなことが頭に浮かんで何から手をつければいいのかわからない経営者の方が多いのではないでしょうか。

これは事業承継に限ったことではありませんが、何かを成功させたり、最善の方法に導くために必要なのは、的確な判断の基になる知識です。これを選んだら失敗するということを知らなければ、自ら失敗するほうを選択してしまうことだってあります。

つまり事業承継をスムーズに行うためには、事業承継に関する専門的な知識が必要になります。また多くの経営者が事業承継＝税務というイメージをお持ちですが、事業承継においては税務だけでなく包括的な知識が必要です。事業承継についての知識を備えている税理士というのは、実はとても専門性の高い税理士になります。

税理士だからといって誰もが備えているとは限らない知識ですから、経営者が理解できていないのは当たり前です。経営者にとって一番近い存在である顧問税理士が、事業承継の知識を持っているのが最善だと思います。

顧問税理士が事業承継に関する知識や経験が多ければ、経営者に事業承継を行うために重要な情報を提供してくれるでしょう。

しかし先に述べたように、事業承継に携わる機会は、毎年行う税務署への申告とは違い、経営者にとっても会社の歴史の中でも、非常に回数が少ないです。創業者が30年経営者であり続けたら、30年は事業承継をする必要がないのです。だから、事業承継を経験したことがない税理士の方が実は多いかもしれません。

もしあなたの会社の顧問税理士が、事業承継を経験したことがない税理士だったら、どうでしょうか。税理士として、事業承継を行うにあたって生じる業務内容くらいは知っているとしても、経験がなければ、より良い提案には至らないでしょう。もっといえば、事業承継に対して積極的な提案をしてこないかもしれません。

そして、顧問税理士が事業承継に詳しくなければ、経営者が事業承継をどのように行ったらいいのかなんて、知る機会すら得られにくいのです。

●事業承継は経営者最後の大仕事

顧問税理士自身が、事業承継に詳しい税理士ではないと自覚し、パートナーシップを築いている他の税理士を紹介してくれたり、一つのチームとなって、あなたの会社をバックアップしてくれるならば、事業承継はうまくいくと思います。現に私たちは、他の税理士事務所と組み、事業承継のパート部分だけを担当するという形で仕事をしています。

ある日、チームを組んでいる税理士事務所から連絡が入りました。

その税理士事務所が顧問税理士を務める会社の経営者から、事業承継について相談に乗ってほしいと依頼があったというのです。ここでは仮にW社長としますが、実際にW社長にお会いする前に、会社の現状を聞いてみることにしました。

W社長は当時70歳を超えていましたが、年齢を言われなければ、とても70歳を超えているとは思われないくらい、はつらつとした方だそうです。

40代の息子さんが後継者として決まっていたので、W社長は、後継者となる息子さんに会社を譲る準備をしたいと顧問税理士に相談されました。「私も、いつまで元気かわからないだろう」と冗談っぽく笑われたそうですが、顧問税理士ですら、「W社長はまだまだお元気だろうな」と思ったといいます。

少し専門的な話をすれば、後継者に会社をバトンタッチする＝自社株を譲渡するのですが、譲渡するタイミングによって、後継者が支払わなければいけない税金が格段に変わります。自社株を譲渡するという同じ行為でも、税金上で有利になる度合いが変わるとしたら、ベストなタイミングで譲渡したいですよね。

本当に偶然ですが、W社長が相談してこられたタイミングで事業承継の準備を進めることができたら、まさにベストタイミングでした。「軽く算段してみただけでも、今は絶好の機会だと思います」と顧問税理士に伝えたら、近いうちにW社長との打ち合わせの場を設けるということで、顧問税理士との話は終わりました。

ところがその日以来、顧問税理士からの連絡が途絶えてしまいました。おかしいなと思い、こちらから顧問税理士に確認したところ、最初は事業承継に乗り気であったW社長が、急に消極的になり、「事業承継についての打ち合わせは必要ない」と言い始めたというのです。

事業承継にとても前向きだったW社長はどこに行ってしまったのかと思うくらい態度が一変したそうですが、よくよく聞いてみると、会社を手放すということが現実味を帯びてきたとたんに寂しくなったようです。息子さんに会社を譲って、自分が引退するには、まだ早いと思われたのでしょう。

「株を譲れば、会社に関して口出しが一切できなくなる。せっかく自分が起こした会社なのに、何の影響力も持てなくなるなんて考えたら、ちょっと寂しくなってしまった。悪いけれど、もう少し考えさせてくれるかな。私はまだ70代、まだ頑張れるんだから」経営者であるW社長にそう言われたら、顧問税理士はそれ以上何も言えなかったそうで、またの機会にということになりました。実はこういった話はW社長に限ったことではなくけっこうある話ですし、これが多くの経営者の本音だと思います。

W社長は70代ではありますが確かにお元気です。しかし、いつ何が起こるかわかりません。本当にこれでよかったのでしょうか。

●事業拡大、収益拡大。頑張ったことが裏目に

事業承継という課題から目をそらしていると、経営者が一番避けたいであろう廃業に陥ってしまうことがある。そう聞いてもピンとこないかもしれませんが、実際には珍しくない話です。知り合いの税理士から聞いた話をご紹介しましょう。

O社長はとても野心家で、事業を拡大することに熱心な経営者でした。これから注目を集めそうだと感じた業態があれば、どんどん参入していきます。業績も好調でしたから、

さらに事業の拡大に力が入ります。

業績が好調であれば、金融機関からの借り入れも問題なく通ります。たくさんの利益を出し、その利益を使って、さらに金融機関から借り入れをする。そして、規模拡大のための設備投資にお金をつぎ込んでいました。利益のほとんどが設備投資で消えてしまい、手元には現金がほとんどありません。

「設備投資も大切ですが、手元にある現金とのバランスを考えて実行していきましょう。そうしないと、自社株問題で苦労することになりますよ」

決算書を見ながら、その税理士はアドバイスしたのですが、O社長は意に介さずという感じだったそうです。私たちはご相談いただいた経営者の方々に対して将来起こるかもしれないリスクをできる限り冷静に判断しお伝えするようにしていますが、O社長にはその時のアドバイスが、重大な問題提起として十分に伝わらなかったのではないかと思います。

O社長の会社の場合、会社の資産は何かといえば、投資してきた設備とわずかな現金程度ですがこういった会社で自社株の評価がものすごく高くなってしまうケースはよくあるのです。

O社長はその税理士に対してこう言っていたそうです。

「うちは儲けを全部、設備投資に回してきた。だから現金なんてゼロに近い。現金がゼロに近い会社の株価が、どうしてそんなに高くなるのかわからない。それに後継者といっても息子はまだまだ。もっと私が稼ぐから大丈夫！」

手元には現金がない。だから会社の資産もないという考え方は間違っています。

現金が設備投資によって形を変えただけで、設備投資によって得られた、たとえば工場に置かれた機械や、社宅として使用しているマンション（不動産）といったものは現金と同じ会社の資産になります。会社に現金があるかどうかは、自社株の評価には一切関係ありません。O社長は設備投資を徹底して行ってきたので、その設備投資した分はすべて、会社の資産として判断されてしまい、株価を高く吊り上げてしまいました。業績が好調で毎年多くの利益が出ていることも、株価が高くなる要因になります。株式に関しては4章で詳しく触れますが、この会社の株価に対する税金は、若き後継者には到底支払えるような金額ではなくなっていました。

ここで最悪の事態が起きてしまいました。O社長が突然、亡くなったのです。

後継者である息子さんはその時、一般社員と同じような扱いで、現場で働いていました。O社長から経営の手ほどきなど一切受けていなかったようです。

O社長は生前に惜しみなく設備投資をして事業を拡大していたので、自社株の評価が高くなっていました。結果的に、せっかくそろえた設備を売らなければ相続税が払えないという事態になってしまいました。経営者が亡くなっただけでも大混乱なのに、今まで自分たちが使っていた設備がどんどん売られていくのです。従業員は、「うちの会社は倒産するのではないか」と大混乱になったことは想像に難くありません。

急な売却を迫られたことで、経営者としての経験がなかった息子さんは、ほぼ投げ売り状態で設備（資産）を手放していきました。会社の財政状態は一気に悪化しましたが、二代目となった息子さんが会社の立て直しに奮闘しているとその税理士は教えてくれました。

●事業承継は後継者のためでなく、経営者のために行うもの

経営者が会社を営んでいくにあたって何を一番避けたいのかといえば、廃業ではないでしょうか。

前述のO社長は経営者らしく非常にエネルギッシュな方だったとのことですから、ご自身が早逝されるなんて考えたこともなかったはずです。しかしながら考えなかったことで

結果的に、自分が立ち上げた会社を廃業の危機にさらす原因をつくることになってしまいました。

息子さんが後継者として何とか踏みとどまり廃業は免れたものの、これがもし廃業していたらどうだったでしょう。

銀行巡りで頭を下げながら資金を集め、取引先に頭を下げながら仕事をくださいとお願いして回るだけではありません。泣く泣く従業員を解雇した結果、労働力不足に陥り、後継者としての仕事に加えて実務にも追われ、朝から晩まで体を壊すぐらい働き続ける……。それでも、廃業すれば後継者は自分を責めるでしょう。廃業を免れることができたら、すべての苦労も報われるのかもしれませんが、廃業せざるを得なくなったら、今までの努力はすべて無になってしまいます。

さらに休む暇もなく、今度はむなしい廃業に向けた整理、取引先へのお詫び回り、そして従業員に対して頭を下げて廃業を伝えるといった非常に辛い仕事が待っています。

それらすべてを被るのはO社長ではなく、後継者である息子さんなのです。そして、息子さんは周囲の人にこう言われるでしょう。

「先代は、こんなにひどい経営していたのか」

「こんな状態で息子さんに会社を引き継ぐなんて、社長もどうかしているよ」

「何も準備してなかったんだな」

「ひどい社長だな、取引先にも従業員にも迷惑をかけて」

早い段階で計画的に事業承継に取り組まなかった場合、デメリットを背負うのはすべて後継者になります。経営者は引退するので関係なく、後継者である息子さんや娘さんが負の遺産を背負うのです。

結果として廃業することになってしまったとしても、会社にとって良い時代もあったはずです。二代目に引き継ぐまでの会社の歴史を、一生懸命働きながら守ってきたのは誰でもない経営者です。その苦労や努力が、廃業してしまったことで何も評価されない。むしろ「廃業に追い込んだダメな経営者」の烙印を押されて、周囲の人に言われのないことをあれこれ噂される。これでは経営者は浮かばれません。

事業承継は事業を継続していくために、後継者に負の遺産を引き継がせないことを目的に行うものではありますが、経営者のために行うものでもあると心得てください。自分が経営を退いた後に、汚名を残さないためにと考えると、「影響力を与えられなくなるのが惜しい」と、躊躇している場合ではないと気持ちが変わります。たくさんの事業承継の事例を見てきたからこそ、私たちはそう断言できます。

生きた事例、日本の老舗企業の事業承継に学ぶ

●日本は世界一の長寿企業大国

ニュースで事業承継が取り上げられるのは、裁判沙汰になっているという失敗例ばかり。そして自社の顧問税理士は事業承継にあまり詳しくなさそうだ。では、何を参考に事業承継を進めればいいのでしょうか。私たちが経営者の相談に乗る際、事業承継の好事例として紹介しているのが、日本の老舗企業です。

老舗企業の定義は、はっきりとしたものがありません。

国語辞典で「老舗」と調べてみると、「代々続いて商売をしている格式・信用のあるお店」といった「信用」を表す意味と、「何代も続いている古くからある店」という「長寿」を表す意味が書かれています。

本書においては、この長く続いている「長寿」という意味に着目したいと思います。

東京商工リサーチでは、創業30年以上の企業を老舗企業と定義していますがみなさんはどの程度の歴史があったら老舗だと感じますか？

仮に2017年から100年さかのぼると、大正時代に創業していることになります。さらに時代を遡って、江戸時代に創業している企業であれば、150年以上の歴史を刻んでいることになります。

創業から100年以上経っていれば、大半の人は老舗だと判断するのではないでしょうか。

そこで本書では、事業承継の好事例として老舗企業をお伝えしていくわけですから、少なくとも三世代以上の事業承継（世代交代）が行われたと考えられる創業100年以上の企業を老舗企業と定義したいと思います。

ちなみに、日本で一番古い歴史を持つ企業はというと、578年に創業した建設会社の金剛組です。2006年に髙松建設（現髙松コンストラクショングループ）の子会社になり、株式会社金剛組となりましたが、日本最古であるだけでなく、世界最古の企業としていまも歴史を重ね続けています。

聖徳太子によって、百済から招かれた三人の工匠のうちの一人が、金剛組初代の金剛重光です。重光らは、日本最初の官寺である四天王寺の建立に携わりました。四天王寺が完

【図2】長寿企業の世界最古トップ10

社名	創業年	国名	業種	ファミリービジネス
金剛組	578	日本	建築	2006年迄
池坊	587	日本	華道家元	○
慶雲館	705	日本	旅館	○
古満	717	日本	同	○
山下	717	日本	同	○
法師	718	日本	同	○
峡里	718	日本	同	○
今神温泉	724	日本	同	○
Herzoglich Bayerisches Brauhaus Tegernsee	746	ドイツ	酒造	1817年以降
源田紙業	771	日本	工芸	○

出所：後藤俊夫『長寿企業のリスクマネジメント―生き残るためのDNA』第一法規

成した後も重光は日本に残り、金剛組の礎を築いたといいます(※1)。重光らが聖徳太子に依頼され、寺を建立して以来、1400年以上も事業を営んでいるなんて、本当にすごいことです。

二番目に古いのは池坊です。池坊は、いけばな発祥の地とされる六角堂（六角堂は寺号で、正式には頂法寺です）の住職を代々務めていて、この六角堂が創建（こちらも聖徳太子が創建したと伝えられています）された587年を創業の年としています(※2)。

三番目は旅館です。山梨県にある慶雲館が705年創業で、こちらは世界最古の温泉旅館としてギネスブックに認定されています。

参考までに【図2】は、世界の最古企業をま

【図3】100年超企業数の国別ランキング

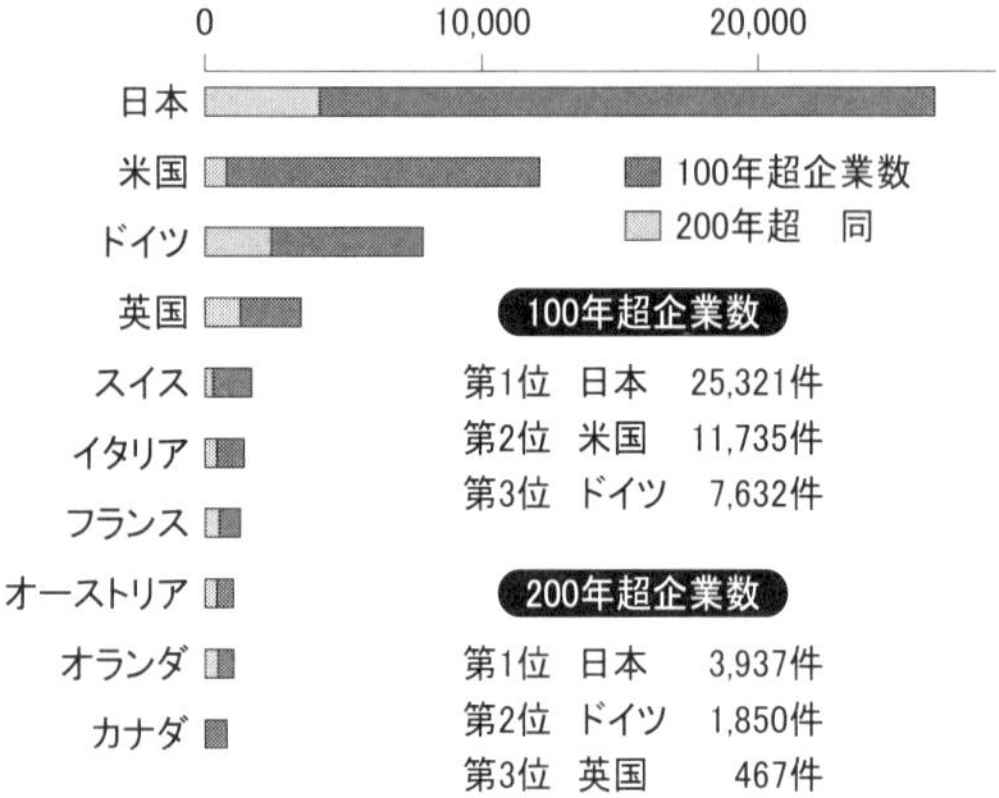

出所：図2と同じ

とめたものです。

日本企業ばかりで驚きますが、実は、世界最古の企業が日本企業であるだけでなく、世界における１００年超の企業数、そしてさらに上をいく、２００年超の企業数についても日本は世界一なのです。データによると実に世界の長寿企業のおよそ4割が日本に集中していることになります。まさに日本は世界でも断トツの長寿企業大国なのです（【図３】）。

私たちがその考え方に賛同し、活動に携わっている一般社団法人１００年経営研究機構の代表理事であり、日本における長寿企業、ファミリービジネス研究の第一人者である後藤俊夫先生によれば、創業１００年以上の企業が、日本には5万社以上はあるそうです。

東京商工リサーチや帝国データバンクなどのデータベースで確認してみても、日本には長い歴史を持った企業がたくさん存在していることがわかります。

●100年以上続いた理由は、事業承継が上手くいったから

併せて、もう一つ注目すべき点があります。これら日本の長寿企業のほとんどが、ファミリービジネス、つまり親族内承継で歴史を刻んできたということです。

たとえばIT系など業種として歴史の浅い会社、起業して間もない会社であれば勝手が違うのかもしれませんが、ほとんどの企業はファミリービジネスとしてスタートしています。自分一人で起業し、手が足りなくなれば、まず家族に助けてもらう。そして規模の拡大に伴い事業承継へ。親から子へ家業を受け継いできました。ですから、老舗企業にファミリービジネスが多いのは当然といえるかもしれません。

創業者が社長である期間を仮に30年としましょう。二代目が30年、そして三代目が30年、それぞれ社長職を担ったとします。それでも90年です。単純に計算してみても、3人ないし4人くらい社長が交代しなければ、100年以上の歴史を築くことはできません。

つまり、事業承継が上手くいっていないと、この長い歴史を築くことはできないという

ことです。少なくとも3回くらいは上手に事業承継が行われているはずです。それも親族内承継で行われて、日本の老舗企業はその名を知られるまでになったのです。

●ハーバードも参考にする日本の老舗企業に学ぶ長寿の秘訣

メディアにも取り上げられていたので、すでにご存知かもしれません。2017年1月に、米国の経営大学院の名門であるハーバード・ビジネス・スクールが、東日本大震災の被災地を訪れました。

東日本大震災を機に事業を興した東北の起業家たちと、ハーバード・ビジネス・スクールの学生たちが、議論を重ねる「Japan IFC」というフィールドワーク型の授業が行われました。この授業は2012年から毎年1回開催されています。

設立から100年以上経ったハーバード・ビジネス・スクールは、これから未来を切り開いていくことができる「新たなリーダー像」を求めるための授業であったといいます。参加した43名の学生たちは、授業として単位も取得できるものの、2週間という滞在期間に発生する滞在費や飛行機代は全部自腹だそうです（※3）。

ハーバード・ビジネス・スクールの代名詞といえば、「ケースメソッド」と呼ばれる授業です。世界中のさまざまな企業で実際にあった出来事を題材に行うもので、自分がその会社のトップだったらどんな意思決定をするのかを徹底的に議論します。その伝統的な授業に続いて打ち出された「Ｊａｐａｎ　ＩＦＣ」のようなカリキュラムは、２０１０年に就任したニティン・ノーリア学長が主導する教育改革の一環として行われるようになりました。「knowing（知識）」「doing（実践）」「being（自身を知ること）」のバランス良く備えたリーダーを育成するために、新興国や日本でのフィールドワークを増やして、これまでの米国型資本主義以外の経営学や手法、考え方を学ぶことに力を入れています（※４・５）。

短期に収益拡大のシナリオを描こうとする、これまでの欧米型金融資本主義を尊ぶ学生と、地域貢献を重視する日本の起業家と、意見が食い違うところもあるようですが、日本的経営の良さにも気づくことにつながったようです。

海外からわざわざ学びにくるほど、日本的な経営は注目されています。日本的な経営の象徴として挙げられるのが、老舗企業の存在といえるでしょう。

私たちが事業承継を考えるとき、日本の社会経済を拡大することに寄与してきた先輩方を参考にすることが一番なのではないかと思います。

海外の事例を参考にすることも大事ですが、これほど身近なところに参考にすべき事例がたくさんあり、現代でも通用する考え方や取り組みがあるのです。また、何百年と続く老舗企業が今も経営を続けていて、どのように事業承継を行っているのかをリアルタイムで知ることもできます。老舗企業として名を馳せた会社の人事異動や世代交代は常にニュースで知ることができますし、講演会などで自社の事業承継について語る経営者から、直接話を聞くこともできるのです。税理士として事業承継に関わる身としても、非常に参考になることが多いと感じています。

●6つの定石に見る家業を継続しようとする強い意志

一般に老舗というと、古くからある店舗やその店舗を足掛かりとして業績を伸ばし法人化して企業になった所を指します。比較的規模の小さな会社では、世襲的に一族が受け継いでいる場合が多いのですが、事業を多角的に展開して、規模の大きくなった会社であっても、社長は世襲で、その周辺は親族で固められているケースが多く見られます。こうした企業は税理士である私たちから見ると、歴史が長いということが大きな信頼感につながり、銀行で融資を受けやすくなるなどのメリットがあります。

では、なぜ老舗企業は100年以上も長く続くことができたのでしょうか。前述のとおり事業承継がうまくいったからということも間違いありませんが、前出の後藤先生は、長年の研究データを基に老舗企業には6つの定石がみられると指摘されています。100年経営研究機構での活動、そして後藤先生から学んだことを含めて、私たちなりに解釈したことを記載してみます。

〈定石1〉長期的な視点にたった経営

老舗企業は、事業を継続し、長く存在し続けることを最大の目的としているため、常に長期的な視点をもって経営を行っています。

一般的に経営計画でいう短期・中期・長期は、短期1年・中期3年~5年・長期10年と考えるのが妥当ですが、老舗企業の経営計画においては、短期10年・中期30年・長期は100年。つまり三世代先まで見越した期間を想定しています。さすがに100年後まで見越した経営計画書を拝見したことはありませんが、それでも盤石な経営を行っているところは、事業にかかわるあらゆることを長期的に捉えています。

後藤先生が老舗企業の経営者を取材された際に、短期10年を、「後継者を選んで経営交代までの準備期間」、中期30年を「自身が経営者として経営の責任を持つ期間」、長期10

0年を「子供、孫の三代先まで考えて布石を構築、準備していく期間」という話を聞かれたそうです。長く続いてきたからこその視点かもしれませんが、この10年をかけて事業承継を準備するという点は、事業承継がうまくいった大きな要因だと考えられます。

〈定石2〉持続的成長の重視

〈定石1〉でも述べましたが、老舗企業にとって継続こそが最大の目的です。継続していくために、身の丈経営を好み、ハイリターンよりも確実性を重視します。これは私たちが担当させていただいた優良企業にも多く見られる傾向です。社会の変化に伴い、その都度起きる流行といった短期的な変化には惑わされず、長期的かつ構造的な変化に常に注目しています。たとえば業界の構造が変わる、日本の経済の構造が変わるといった長期的かつ構造的な変化は、短期の流行ではないのでしっかりと対応していかなければいけないと捉えています。

つまり、経営者は短期的な変化と、長期的かつ構造的な変化を見極めなければいけないと理解しています。前者には惑わされず、後者のほうに適宜対応しています。

〈定石3〉優位性の構築・強化

老舗企業は、長年の歴史のなかで独自のブランド力を構築しています。このブランド力を実現するために一番の近道といえるのが、「自己優位性の構築・強化」です。

自分の会社の強みが何なのかということを明確に意識している会社は、意外に少ないものです。経営者に話を聞いているときに、「こんなに素晴らしい特徴があるのに、周知できていないなんてもったいないな」と感じることがありますが、周知できていない理由は、①自社の強みを持続的に構築していない、②その強みを徹底的に強化していないということに起因しているのかもしれません。

ただし、100年も続く老舗企業であれば、事業を取り巻く環境も刻々と変化を遂げているはずですから、従来の事業をそのまま伸ばしていくだけではうまくいかなくなるケースも多いです。そうなると事業の多角化を進めていくことになりますが、この多角化の際も自社の強みを活かし、多角化の進出先も技術・市場などからみた周辺分野に特化するということが重要です。

〈定石4〉利害関係者との長期関係性

企業が長期的に存続するにつれ、顧客、従業員、取引先、地域社会といった利害関係者との関係は自然に長期化します。利害関係者に対する真摯な対応が評価を高め、信用という尊い資産を生み出すことになります。

長く続いている企業は、オフィスにうかがうと本当に雰囲気が良いです。従業員のみなさんが明るく、経営者との距離が良い意味で近い。私たちのように外部の人間から見ても、その信頼関係の強さが感じられる企業はやはり強く、数字以上の説得力があるものです。

〈定石5〉安全性の備え

老舗企業は、事業を継続すること、次の世代にバトンタッチすることをきわめて重要な任務と考えているので、特に不況抵抗力を確保するリスクマネジメント、あるいはリスク分散といった安全性への備えをとても重んじています。ここでいう安全性とは、財務面だけでなく経営面の安全性も含んでいます。

税理士の私たちが見ても、優秀すぎる決算書を出すような経営者は、とても慎重な人が多いです。事業に１００％確実といえることはないのかもしれませんが、非常に厳しい目で将来を常にシミュレーションされています。

〈定石6〉家業を継続しようとする強い意志

定石の1から5は、すべて〝家業を継続するための行い〟です。長期的な視点で物事を捉え（定石1）、短期的な流行は追わずに持続的成長を重視し（定石2）、自己優位性を構築・強化してブランド力を構築する（定石3）。さらに利害関係者との長期関係性を重視し（定石4）、安全性への備えを大切（定石5）にします。その大前提には、家業を継続しようとする強い意志があるのです。

日本には封建体制時代からの「家」という概念、家すなわち家業を存続（継続）させることが重視されてきました。

本書のテーマである事業承継に重ねると、この「家業を継続しようとする強い意志」というのはとても大切です。

しかし、最近では後継者不足などといわれ、事業継続に課題を抱える企業も少なくありません。また、その一方で後継者候補（子供）がいるにも関わらず、親が子供に事業を継いでくれと言いづらくなり、そして子供も事業は継がないということも珍しくなくなりました。

私たちが話を聞く限りでは、現代に生きる日本人、すべての経営者が老舗企業のように事業承継について強く意識を持っているとはいえません。むしろ面倒なので、先延ばしにしているという経営者のほうが多いと感じます。

●老舗企業から学ぶ、事業継続に対する姿勢

100年経営研究機構の活動のなかで、多くの老舗企業の経営者にお話しを伺う機会がありましたが、定石に出てきた「長期的な視点」「事業を継続しようとする強い意志」などはどの老舗企業の経営者のお話の中にも強く感じることができます。

先日、世界で初めてビューティビジネスで活躍するリーダーを生みだすための大学院として設立されたハリウッド大学院大学と、100年経営研究機構が共催して講座が開かれました。その講座では、すき焼きやしゃぶしゃぶで有名な人形町今半の高岡哲郎副社長が登壇されました。

高岡副社長は、「ハレの日は人形町今半で」という企業の理念をあらわした言葉ととも

に、「人生のハレの日に使ってもらえる店になることで、ハレの日を創造し続ける店でありたい」と話されました。どれも勉強になる話ばかりだったのですが、特に印象的だったのが、

「たとえば、赤ちゃんのときのお祝いに来てもらい、小学校の入学式のお祝いに来てもらう、成人式、結婚式、そして子供が生まれたとき、孫のお祝いでまた来てもらう。親、子供、孫と三世代揃って来てもらえる店になる。そのために、出した店舗はハレの日にふさわしいように磨き続けなければいけない。そして、そこに長く在り続けなければならない」というお話です。次の世代まで繋いでいって初めて実現できるという、長期的なビジョンを掲げているということが伝わってきただけでなく、事業を継続していかなければならないという老舗企業の強い意志も感じられました。

このような意志を持つことができるのは、老舗企業だからでしょうか。

確かに長く続いてきたからこそ、顧客、従業員、取引先、地域社会といった利害関係者が多く、社会的責任が大きくなっているからこそ、継続できなくなったときの損害が大きいということもあるように思いますが、それは老舗企業でなくても同じだと私たちは考え

ます。

創業時は、一人で起業したかもしれません。ですが、年々会社の規模拡大に併せて、従業員は増え、取引先も増えていく。最初は自分のためだけに働いていればよかったものが、守るべきものが徐々に増えていき、会社がそこにあることの社会的責任も大きくなってくる。創業時と違い、会社を取り巻く環境の変化により、事業を継続させていくことの責任も大きくなっているのではないでしょうか。

事業承継が上手くいけば、会社は続いていきますし、逆に事業承継が上手くいかなければ会社は潰れるといっても過言ではありません。

その前提として、会社を支える事業をしっかりと持ち、業績を上げ、事業を発展させていくということは経営者の責務です。しかし、それと同じくらいに、後継者を育てて、次の世代に向けてしっかり準備していくことが大事です。

老舗企業を参考にすることで、その重要性に一日でも早く気づいてほしいと思います。

事業承継の出口は、たった4つしかない

●4つの出口を知ることから始めよう

事業承継をスムーズに行えるかが、会社の未来を左右することは、理解していただけたのではないかと思います。では、事業承継とはどんなものなのでしょうか。

実は事業承継には、大きく分けて4つの出口しかありません。親族内承継、親族外承継（MBO）、親族外承継（M&A）、そして廃業（清算）です。

【親族内承継】

経営者の息子さんや娘さんといった親族を後継者とすることです。

【親族外承継（MBO）】

会社の取締役などの役員が株を購入し、経営権を取得する（経営者に代わって代表になること）ことです。役員ではない、従業員が株を購入して経営権を取得する場合もあります。

【親族外承継（M&A）】

合併や買収によって、会社の経営権を他の企業に譲渡することです。

【廃業】

会社を畳むことです。清算ともいいます。

事業承継とは、会社が存続し続けるために行うものです。ということでいえば、4つの中の廃業は、会社を畳むことなので、厳密にいえば事業承継とは言えないかもしれません。意外だと思われるかもしれませんが、廃業するからといって、その会社が問題だらけというのではなく、何も問題のない業績で、独自の優秀な技術を持っている会社が廃業するというケースも実は多いのです。事業承継に対する知識がないから、後継者がいない＝廃業するしかないと、選択してしまっただけだと想像できます。

廃業を選択せざるを得ない企業もありますが、そうならないためにも、まずは事業承継の出口とは、廃業を除くおおむね3つだということを覚えておいてください。

【図4】事業承継の出口（昔と今）

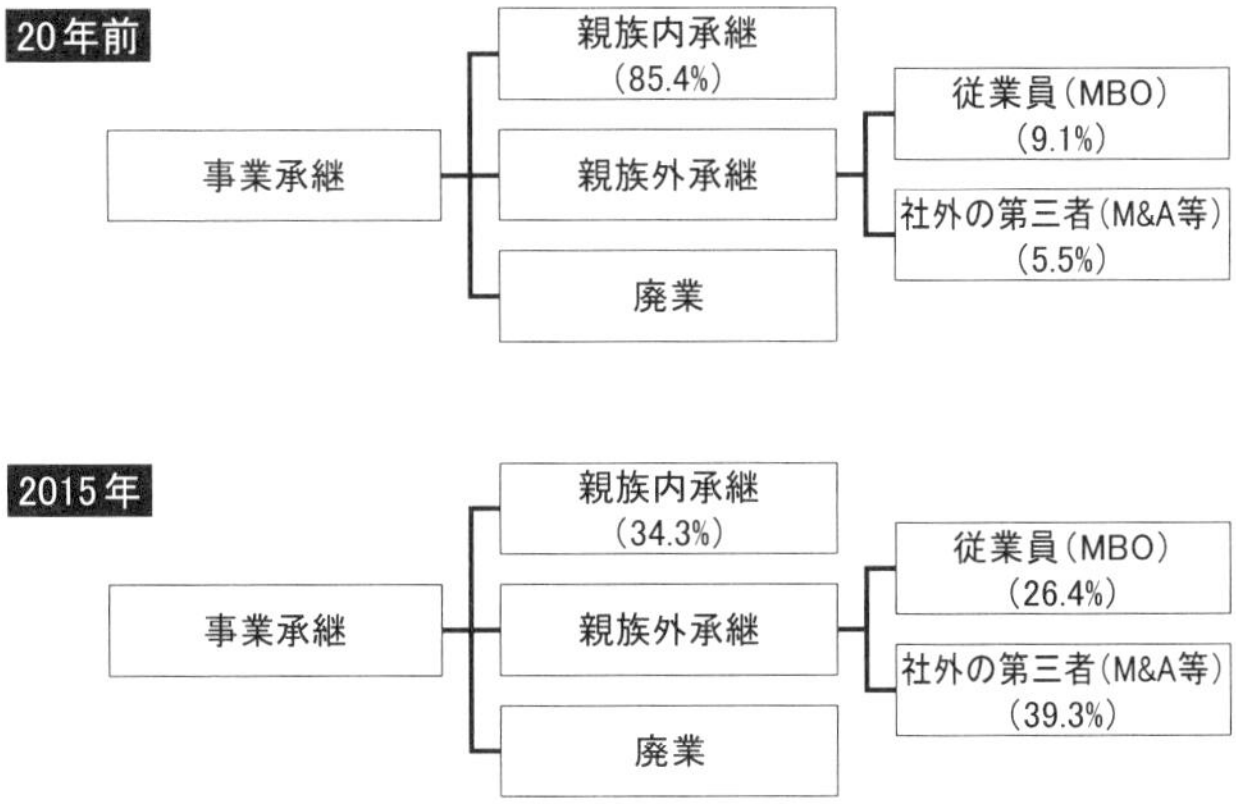

※(　)内は廃業を除いた割合
出所：著者作成

●親族内承継が当たり前だった時代は終わった

事業承継の出口は4つですが、親族外承継のM&Aなどは、最近よく耳にするようになったものの、60代以上の経営者にとっては、あまりピンとこないかもしれません。たとえば外資系の会社が、日本の会社を買収したとか、吸収合併したといった話を聞くことはあっても、自分の会社でM&Aというのはなかなか想像しにくいでしょう。しかし、【図4】を見ていただくとわかります。

今から20年以上前、親族内承継は85.4%と、圧倒的な数値でした。しかし、時が流れて2015年の時点で親族内承継は

34.3%。ちょっと寂しいくらい親族内承継が減ってしまいました。後継者がいないのであれば、他社に買い取ってもらい、仮に会社名が残らなかったとしても、事業を残そうと考える経営者も増えています。M&Aの仲介をする企業も増えていますし、健全な経営状況であれば、売ってほしいという声は、意外に少なくないでしょう。

組織再編、それは個々の会社にあわせたカスタマイズ事業承継

●時代の変化と共に、事業承継はより複雑に

親族内承継がほとんどであった時代から、M&AやMBOなど、選択肢が多様になった背景には、やはり後継者不足という事情があると思います。

経営者の息子さんや娘さんといった、身内に後継者の成り手がいなくなりました。「家父長制度」と「世襲制度」が確立されていた時代は、家業は子供が継ぐものでしたが、そうした意識も薄れてきました。また、起業したり、先代から会社を引き継いだことで相当な苦労をされ、自分と同じ思いを子供たちに味わってほしくないと、自ら事業承継を望ま

ないという経営者も増えたように感じます。

親族内承継が難しくなった。ではどうするのか。従業員の中から信頼できて、優秀な人材を抜擢するか、思いきって会社を売ってしまうか……。親族内承継が難しくなったことで、事業承継に選択肢を増やさなければいけなくなりました。先ほど事業承継の出口は4つしかないと言いましたが、その4つにぴったりと当てはめるだけでは、問題を解決できないほど複雑化しているのが現状です。でもよくよく考えたら、複雑化するのは当然だと思います。

親族内承継できる後継者がいたとしても、後継者が40代、50代で、今すぐにでも事業承継できる場合と、後継者がまだ社会人になったばかりで、これから社会経験を積んでいくので、経営者になるには当分時間がかかるという場合では、どのように事業承継を進めていくのかが変わってきます。さらに会社の規模や、事業内容、経営者が今後この会社をどのようにしていきたいのかといったさまざまな要因によって、事業承継の進め方や内容はガラリと変わってきます。

●今から準備するならば、事業承継＋組織再編

その会社によって、事業承継の進め方や内容が違うならば、個々の会社に合わせて事業承継をカスタマイズしていくしかありません。むしろ私たちは、カスタマイズすることが当然だと思っています。

しかし事業承継の出口は4つしかありません。どうやってカスタマイズするのかと思われるかもしれませんが、これから事業承継に取り組むのであれば、事業承継＋組織再編でのカスタマイズがおすすめです。事業承継と組織再編の組み合わせで、自社に合ったカタチにカスタマイズするのです。組織再編は、言ってみれば事業承継のオプションだと考えていただくとわかりやすいと思います。

組織再編は、全部で6種類です（【図5】）。

・合　　併：会社をくっつけること
・分　　割：会社（事業、資産）を分けること
・株式交換：2つの会社を親子関係にすること
・株式移転：持株会社をつくること
・現物出資：物（資産）で出資すること
・現物分配：物（資産）で配当すること

【図5】組織再編とは

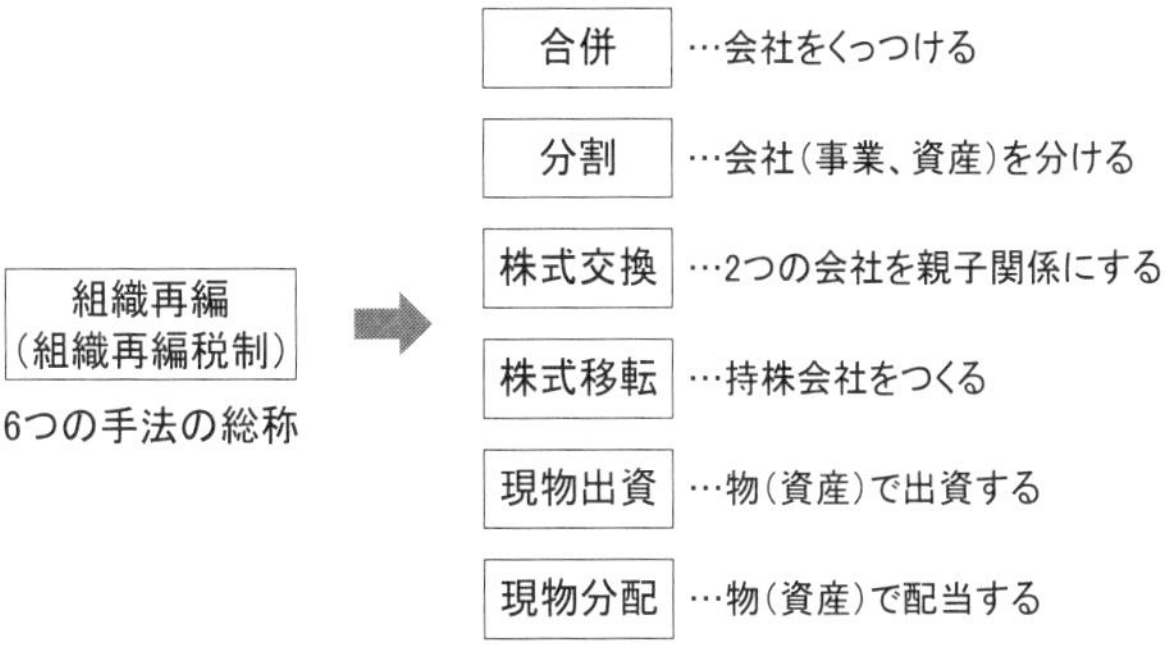

出所：著者作成

言葉にするとシンプルすぎて、本当に秘策なのかと思われるかもしれませんが、事業承継においては、とても有効に働いてくれます。

そして、この組織再編の特徴といえるのが、一定の要件を満たした場合には適格組織再編というものに該当し、前述のような組織の組み替えを、法人税・所得税などの税負担を一切発生させずに実施することができるのです。

詳細な説明は省略しますが、同族経営がほとんどである中小企業はほぼこの要件を満たします。この組織再編はまさに中小企業のための制度です。

具体的な組織再編の活用については3章以降で詳しく説明します。

合併

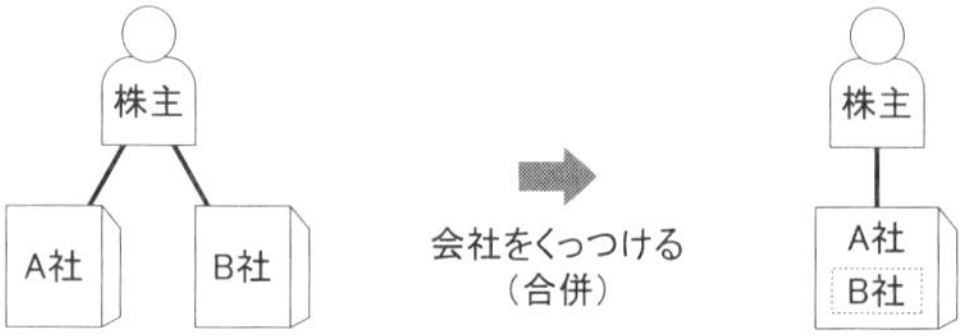

分割

①吸収分割

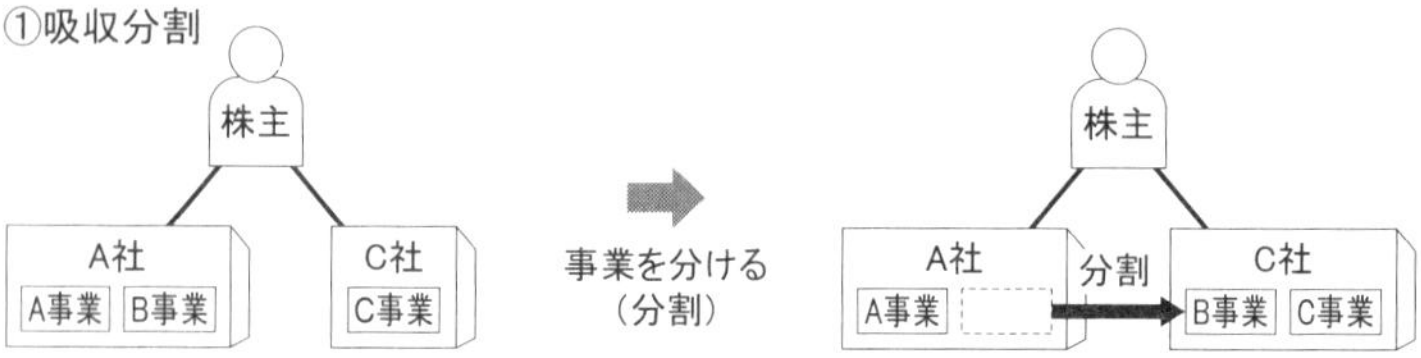

②新設分割

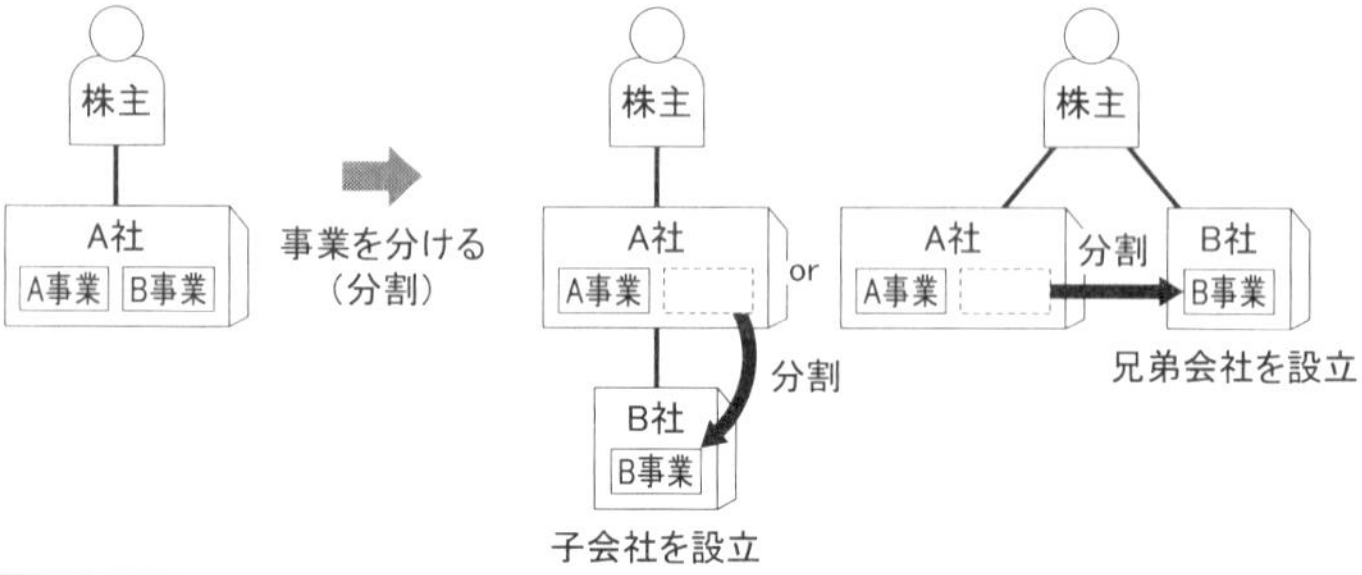

株式交換

【図6】組織再編のイメージ

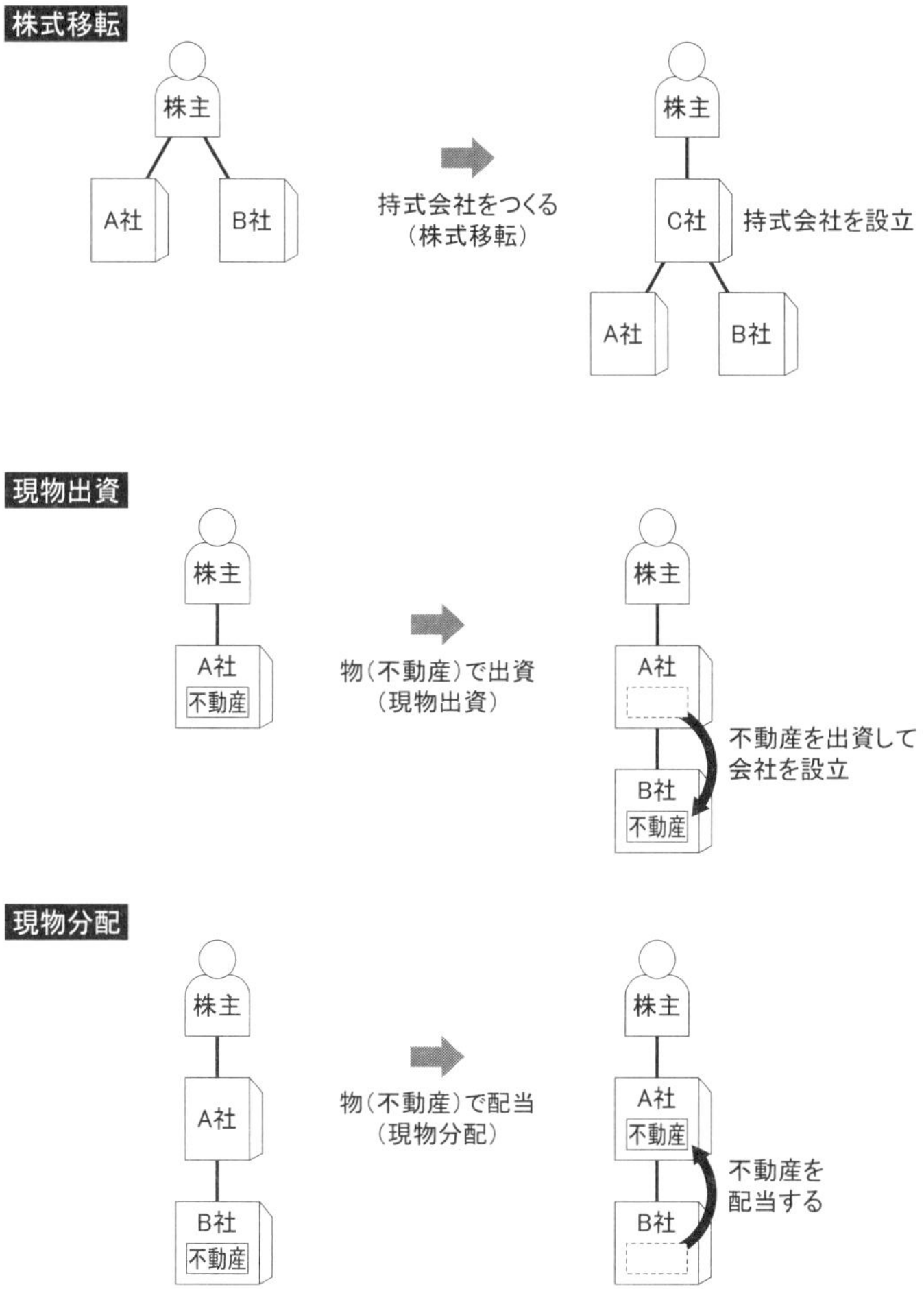

出所：著者作成

●組織再編の活用で、事業承継の選択肢は増える

より良い事業承継にしていくために、もっと会社の中身を精査し、取捨選択できるようにする。それが組織再編のメリットといえます。

たとえば、後継者になれそうな人材がゼロであれば選択肢は狭まるかもしれませんが、息子さんがいるので後継者にしたいと考えている。しかし、将来が不安で今すぐには引継がせることができないというのであれば、事業承継のタイミングを調整すればいいだけです。後継者である息子さんには、自分がひたすら頑張って大きくした会社を継がせるのは難しい。それが後継者に譲れない理由だとするならば、引き継ぎやすいように会社を整理すればいいだけです。

実は組織再編は非常に自由度の高いもので、「こうしたい！」という意思があれば、すべてを可能にするとは言えないものの、限りなく理想に近いカタチにカスタマイズすることができます。経験されたことがないので、あまりイメージが湧かないかもしれません。後章で組織再編の利用例に触れますが、本音を言えば、その仕組みまで経営者が理解する必要はないと私たちは考えています。

ですが、事業承継と組織再編の組み合わせで、さまざまな将来像を描けるのだということだけは頭の片隅にでも覚えておいてください。

コラム●日本を代表する企業の長期ビジョン

松下電気器具製作所（現パナソニック株式会社）を創業した松下幸之助は、1932（昭和7）年を「命知元年」と定めて第一回創業記念式を開き、「水道哲学」「適正利益、現金正価」「250年計画」を社員に訓示しています（※6）。

その中の一つである「250年計画」では、人間生活を豊かにする生産者の使命を果たすために必要な年月を250年と定めています。これを10節に分割し、第1節の25年をさらに3分割して、第1期を建設時代（10年）、第2期を活動時代（10年）、最後の5年を社会貢献時代としています。最初の250年は、松下幸之助にとって使命達成の第一段階でしかなく、次の250年までを展望に入れた、はてしない計画が語られています。実に壮大なビジョンです。

大企業の経営計画を見ると、短期経営計画が1年、中期経営計画が3～5年、長期経営計画が10年というのが一般的でしょう。社会情勢や経済状況が劇的に変化し続ける現代において、長期的な計画は立てにくいかもしれません。

しかしながら、前述の老舗企業にみられる6つの定石〈定石1〉にもありますが、松下幸之助ほどではないにしても、日本の老舗企業の場合も、短期経営計画が10年、中期経営計画が30～50年、長期経営計画が100年とし、長期的な視点で考えている企業が多いと聞きます。老舗企業は、その長い経済活動において、これだけの年数を費やさなければ、整わないことがあるということを経験として知っているからかもしれません。そして年数を費やさなければ整わないことの最たるものが、事業承継ではないかと私たちは考えています。

日本を代表する企業の経営ビジョンは、参考になることがたくさんあります。創業して何年目の会社であるかどうか、また業態に関係なく、それぞれに得られることがあるように思います。経営者をサポートし、事業承継を滞りなく進めることが仕事である私たちも、ワイズ・パートナーズ税理士法人の代表社員として、いかに法人を長く続けていくのかを考えるべき立場にあります。老舗企業の取り組みを目にすることで、自分たちの法人にも生かせるのではないかと考えることもしばしばです。

事業承継を担当している私たちにとって、老舗企業から得られる教訓は、そのまま仕事に直結する大切な学びになっています。

第2章
経営者一人ではできない事業承継

事業承継で経営者が直面する課題

●事業承継における課題は3つ

事業承継を困難なものにさせている原因を探ると、おおむね3つに分類できます。

(後継者問題)

- 親族内に後継者がいない
- 会社を任せていいと思えるような従業員がいない
- 後継者不在により、会社組織づくりの将来像が見えない
- 後継者が会社を任せられるほど成長しておらず、経営権を渡すタイミングが計れない

(自社株問題)

- 自社株の評価が高すぎる
- 分散しすぎて、株主全員を把握しきれていない
- 兄弟で均等に株式を保有しており、後継者の解任リスクなど潜在的なリスクが生じて

いる

・事業に関与していない株主から事あるごとに口出しをされ、重要事項が決められない

・認知症などによる意思能力の低下により、株式を移せない

（相続問題）

・財産が自社株しかないので、相続でもめてしまう

・自社株の評価が高騰しすぎたため、後継者が納税資金を確保できていない

・間違った事業承継対策を実行したことにより、かえって相続税が増えてしまう

思い当たることがあるならば、一度専門家に相談されることをおすすめします。また、ここに挙げた課題がすでに芽を出しているならば、すぐに専門家に相談してください。これらの課題は、経験を積んだ専門家のサポートを受ければ、リスクを最小限に抑えることができます。間違った対策は後に大きな問題に発展してしまう可能性がありますし、経営者一人で解決できる問題ではありません。

●事業承継で潰れてしまう会社とは、こんな会社

1章で登場した野心家のO社長。事業を拡大することに熱心で、設備投資に力を入れすぎたため、手元に現金が残っておらず、ハードルの高い事業承継になる要素を抱えたまま早逝されました。結果的に、後継者であった息子さんが奮闘し、廃業一歩手前のところで踏みとどまることができましたが、この会社がレアケースだったわけではありません。事業承継で潰れてしまう可能性を秘めた会社には特徴があります。

では、どういう会社が事業承継によって潰れてしまうのでしょうか。具体的に見ていきたいと思います。

まず、考えられるのは、「業績が好調で事業を拡大している会社」です。決算書を見ても、「優秀ですね！」と言いたくなるほど業績は素晴らしいので、たくさんの利益を出しています。その利益をどう使うのかというと、貯蓄しておくのではなく、その利益を担保にさらに金融機関から借入れをして、どんどん規模拡大のための設備投資を行います。利益のほとんどが設備投資で消えてしまうので、現金がほとんど残らないというのが特徴です。

こういう会社の経営者の資産は、自社株とわずかな現金です。そうなると、相続によって、相続人がもらう財産は、ほぼ自社株だけということになります。業績が好調な会社の自社株の評価はとても高くなり、後継者が支払いきれないほどの高額な相続税につながります。

また、利益があまり出ていなくても事業承継において大変なことになってしまう可能性を秘めた会社はあります。それは、ズバリ「社歴が長い会社」です。

こういう会社は、利益がほとんど出ていませんから、会社の現金は全然増えていきませんし、借入れの返済があれば、逆に現金がどんどん減っている可能性もあります。余談になりますが、借入れの返済は費用にはならないので、利益は出ているのに税金を払ったら、1年間の活動で会社の現金が減ってしまったというのはよくある話です。では、どうしてこういう会社の自社株の評価は高くなってしまうのでしょうか。

昔はよかった、今も廃業するほどではないが、業績はいつも低空飛行。かろうじて従業員を養っていける程度だけど、それでも何とか利益を出し続けている社歴の長い会社は、その社歴の長さに比例して、利益も長年かけて蓄積されてきたため、自社株の評価は高くなります。

「でも、うちの会社は全然お金ないし、いつも綱渡り状態。そんな会社でも評価って高いの？」

素直なご意見だと思います。貸借対照表を確認していないので、はっきりと断言できませんが、そんな会社でもおそらく自社株の評価は高いはずです。

評価が高くなってしまうのは、その会社が現金以外の資産をたくさんもっているからなのです。試しに貸借対照表を見てみてください。本社や工場といった不動産、商品を作るための機械などが資産に計上されていませんか？ 会社が持っている全ての資産に基づいて自社株というのは評価されるので、不動産や機械などが記載されていれば自然と高くなってしまいます。全然利益に貢献していない資産、売却が難しくて仕方なく保有し続けている不動産などであっても、一切関係ありません。資産は資産なのです。

業績が良くても悪くても、こういった会社で社長に万が一のことがあった場合には、高額の相続税が発生します。その相続税を払うために会社の資産を売却しなくてはいけない事態に発展する可能性は十分にあり得ます。どちらにしても、一歩間違えば廃業へむかってまっしぐらです。

事業承継で大変なことになりかねない会社の特徴として、
・業績が好調で事業を拡大している会社
・社歴が長い会社

の2つを挙げましたが、多額の設備投資をして、それでも現金がたくさんある会社なんて、ほとんどないと思います。つまり、2つの特徴に当てはまらないとしても、多くの会社が事業承継で危機的状況にひんする可能性を秘めているということです。

●後継者問題と自社株問題が解決すれば、相続問題もスムーズに

事業承継における3つの課題は、それぞれが単独で解決できるものではありません。それぞれの領域に重なる部分が多く、どれか一つだけを解決すれば終わりというわけではありませんが、いつかの日のためにちゃんと後継者を育成しておき、自社株対策を行っておけば、いざ相続というときのリスクを減らすことにつながります。つまり後継者問題と自社株問題が解決していれば、相続問題もスムーズにいく可能性が高くなるのです。

事業承継にとても前向きであったT社長のお話をしたいと思います。

建材を販売するE社の二代目であるT社長。創業から60年以上が経っています。4カ所の事業所を有するだけでなく高収益な不動産も所有する優良企業です。T社長には息子さんが2人いました。2人とも社員として働いていて、今すぐにというわけではありませんが、彼らにどのように事業を承継していくかをしっかり決めておく必要がありました。

そこでT社長は、長男と次男が後継者問題でトラブルにならないよう、事業の一部を分割して、新しい会社を二社興し、それぞれの新会社を長男と次男に任せることにしました。業務の担当エリアが広かったので、新会社を作る際に、エリアで分割しやすかったという点も都合が良かったのだと思いますが、新会社を興すことで、長男と次男に将来降りかかってくるかもしれない後継者問題を解決する道筋をつけました。

しかし、息子さんが2人しかいないのに、なぜ新たに二社も会社を興さなければいけなかったのでしょうか。本来ならば、T社長の会社をどちらかに譲り、新会社を一社興せば、それぞれが経営者になれたはずです。なぜ二社も会社を興さなければいけなかったのか。そこにはE社についてT社長が頭を悩ませている大きな問題がありました。

その大きな問題とは、自社株の一部が、事業にまったく関与していない親戚3名に渡っているということでした。経営者が自社株を100%保有するのではなく、自社株を分散させると節税対策になるという、私たちからすればまったく正反対のアドバイスに沿って、先代が自社株を分散されたようです。おまけに、事業には関与していなくても、反対されたら、何も決められなくなるくらいの株数を保有されており、T社長は、あれこれと事業に口出しをされ、困っていたのだといいます。

この状況のつらさを肌で感じていたT社長は、同じ失敗を息子さんたちに味合わせたくないと思われたようで、自社株問題を解決するために組織再編に踏み切ることを決意されたのでした。組織再編をどのように使ったのかという説明をすると非常に専門的な話になってしまいますが、簡単にいえば、親戚3名から事業に対して口を出されないように、E社から後継者に引き継がせたい事業を切り離したのです。E社には高収益の不動産だけが残りました。

先に述べましたが、T社長の会社は優良企業です。好立地の不動産を所有しており安定的な収益が見込まれます。だからこそ親戚3名は株式を手放したくないという気持ちがあったようです。しかし、親戚は全員高齢で、仮に自分の子供たちに自社株を相続することになった場合、高額な相続税が子供たちにのしかかることは十分に想像できました。

親戚3名が、どこまで相続税のことを想定しているかはわかりません。ですが、高額な相続税がかかるという現実を目の当たりにしたとき、自社株を買い取ってほしいと要求してくる可能性は十分にあります。

株式が分散してしまったE社の状況を解決するのは簡単なことではありません。しかし、自社株を買い取ってほしいと、親戚が話を持ちかけてきたら、やっと交渉の場に立つことができるのです。

「そのときが来たら根気よく交渉して、この問題を一歩ずつ解決していくしかないと考えています。この問題は私の代でなんとか解決したいと思いますが、とりあえず事業を切り離すことで、息子たちへの影響を最小限に食い止められただけでも大きい」と、T社長は決意を新たにしておられました。

既に経営者以外の株主に渡ってしまった株式の問題は、一朝一夕にどうこうできるものではありません。この問題の根は、月日を重ねるごとにどんどん深くなり、解決しにくくなるということを知っておいてください。

●元経営者になってからも安心できる体制がつくれたら

会社のためを考え、勇退の準備を進めたT社長ですら、これまで心血を注いできた会社を去るという現実を受け止めるのは、非常に寂しいものだと話してくださいました。

経営者であれば、理解していて当然だと言われるかもしれませんが、株式会社においては、会社の株式を一番多く所有している人が一番強い力を持ちます。そして日本においては、企業数全体の9割強を中小企業が占めていて、その多くが非上場の同族会社になっています。ということは、一般の市場に株式が出回らず、個人の投資家などに株式を購入されることもありません。大株主＝経営者です。

大株主である経営者が創業者であれば、会社の株式を100％に近い割合で保有しているケースが多いでしょう。大株主であれば、会社の重要事項の大半を、自分が望むように決定することができます。株式は会社を支配するためのもの、株式を持っているかぎり、自分は会社で圧倒的な権力を持つことができます。だからこそ、経営者は後継者に会社を譲る際に、株式を譲渡することになるので、自分の権力がなくなる、発言権がなくなると思い、それを寂しく思ったりするのです。

しかしここで覚えておいてほしいのは、株式には財産としての価値（財産権）と、会社を支配するための価値（支配権）という2つの価値があるということです。社長を退き、会長になったとしても、会社の経営に自分の思いを少なからず反映させたいと思われるならば、財産権にかかわらず、支配権を持つような仕組みを導入することで、その希望は叶います。

つまり、財産権としての株式の大半を後継者に譲るとしても、支配権を残せるような仕組みをうまく導入することができれば、社長を退いた後でも後継者が本当に一人前に育つまで、大株主の立場でその成長を見守るといったことも可能なのです。詳しいことは5章を読んでみてください。

せっかく自分で興した会社です。いつか後継者に会社を譲るとはしても、創業者として努力してきたことや、先代から受け継いだ会社を守るための努力はどうなるのかと悲しく考える必要はありません。経営者のそうした努力を側で見てきた後継者には、何だかんだといっても経営者を尊敬する気持ちがあります。なぜなら、経営者が会社を興さなければ、後継者がその会社の経営者になることはないからです。

私たちは経営者のこれまでの努力に、ちゃんと敬意を払える事業承継にしたいと考えていますし、どのような形で支配権を持ち続けるのが理想的なのかについても相談を受けています。株式を手放したら、自分は会社に一切の発言力がなくなってしまうと、決めてかかることで、事業承継に二の足を踏むことだけはしないようにしてください。

事業承継は、専門家に任せよう

●事業承継　成功の秘訣は経営者の自発性

本書で触れているような事業承継の事例を聞くと、「うちも早く事業承継しなければ」と、思われるでしょう。しかし、だからといってすぐに取り組む経営者は少ないのが現実です。プランの説明にうかがって、プランに納得できたとしても、すぐに実行に移す経営者は多いとはいえません。

私たちにご依頼いただく経営者のみなさんも、顧問税理士に勧められたり、セミナーで、「事業承継に早く取り組もう！」と危機感をあおられ、話を聞いてみようかなという感じからのスタートです。自主的にというよりは、お尻を叩かれた方たちが大半なので、

「自分だけが意識が低い」と思わないでください。

1章で老舗企業の事業承継について触れました。老舗企業は、事業を継続すること、長く家業を営むことを最大の目的としているため、常に長期的な視点をもって経営を行っています。経営計画も現代の企業と比べると非常に長期的なもので10年、20年、いや100年先を見据えて行動しています。

これだけ長期的な視点で考えることができれば、短期的な利益に惑わされず、自社のビジョンの実現に向けて着実に歩んでいけるのかもしれませんが、長い歴史の中で定着した考え方や社風がなければ、非常に難しいことだとも思います。目まぐるしく変化する社会経済の中にあって、まずは生き残っていくために短期的な収益を求めざるを得ないと考えてしまう企業にとっては、あり得ないことかもしれません。

しかしながら、少し立ち止まって考えてほしいのです。

事業承継は、別に今決めなくても問題ありません。緊急性の乏しい事柄ではあります。事業承継について今日考えようと決めていたのに、急な仕事の対応に追われて何も考えられなかった。仕方ないから明日に引き伸ばしたとしても、今の事業にはほとんど影響しません。だからこそ、何となくずるずると先伸ばしになってしまいがちです。時間は有限なので、そうこうしているうちに1カ月が過ぎ、半年が過ぎ、1年が過ぎて、徐々に時間的余裕がなくなっていくのですが、緊急性が乏しく、かつ長期的な視点で物事を進めていかなければならない事柄であるため、労力もかかります。気がつくと、すでに手遅れになっていたという会社はとても多いのです。

そして事業承継への取り組みを難しくさせているもう一つの理由に、経営者の自発性に委ねられるということがあります。

先にも述べましたが、事業承継は緊急性のある事柄ではありません。だからこそ、日々激務に追われる経営者は、日々の事業のことに意識が集中しがちで、事業承継のことが気になっていても後回しになってしまいます。事業のことに関しては、従業員も一緒になって考えてくれ、より良い方向に向かうよう各自が努力してくれますが、事業承継は経営者以外行う人がいません。従業員は誰一人、これに関与できないからです。お子さんが社内で働いていて、会社を継ぐことが決まっていたとしても、その後継者にどのようにして事業承継するのかを決めるのは、誰でもない経営者です。とても自発性が求められます。

ですから事業承継の成功は、経営者の自発性にかかっているといっても過言ではありません。まず今後の会社を良くするのも悪くするもの、自分次第なのだということを自覚してみてください。

●廃業を最終手段にしたくないなら専門家の力を

事業承継が成功するかどうかは、経営者の自発性にかかってはいますが、だからといって経営者が後継者問題に自社株問題、そして相続問題のすべてを一人で解決することは不可能です。税務や法務といったさまざまな視点から事業承継の専門家にサポートしてもらうことがベストであると考えます。

事業承継には、どうしても人の感情が伴います。

後継者に自分が必死になって守ってきた会社を譲るという寂しさ

自分の意思に反した行動をとる後継者に対するいら立ち

わずかな自社株を保有しているだけで、主張の強い株主

いろいろな感情が伴い、時として我慢できないこともあるはずです。後継者が親族だからこそ何でも言い合えるという面もあれば、親族だからこそ感情のもつれで取り返しのつ

かない大喧嘩にもなりかねません。プロの冷静な判断や数字という説得材料を取り入れることが、親族間の無駄な争いを起こさせないようにする最善の方法につながると思います。

また税務の面でいえば、事業承継に必要な知識は多岐にわたり、かつ、制度も非常に複雑で、私たち税理士も常に勉強していかなければついていけないほど、改正が繰り返されています。インターネットで調べれば、簡単に情報が手に入る時代です。ごくたまに非常に専門的な知識をお持ちになっている経営者もいて、専門家である私たちが驚くこともありますが、それは非常に稀なことです。どちらかというと、間違った情報を信じている方のほうが多く、情報化社会の功罪を感じます。

たとえば、現状としてはほとんど使われていない事業承継の制度として、納税の猶予制度というものがあります。

「自社株には、相続税や贈与税を払わなくていい制度がなかったっけ?」

経営者から、こんなふうに質問されたことがあり、よく勉強されているなと思いました。

確かに自社株について相続税を全部ではありませんが払わなくていい制度があります。

これを「相続税・贈与税の納税猶予・免除の特例制度」といいます。ただし、読んで字のごとく払わなくていい制度ではなく、基本的には支払いを猶予してくれる制度です。免除されるのは、相続や贈与で自社株を取得した後継者が死亡したときや、会社が潰れてしまったときなど、どうにもならないケースだけ。しかも、自社株に対する相続税や贈与税の全額が猶予されるわけではありません。

もっと衝撃的なことに、この制度はほとんど使われていません。平成20年に施行された制度ですが、平成28年9月末現在で、相続税で959件、贈与税で626件（中小企業庁発表）しか適用を受けた会社がありません。最近の改正で、使いやすくなりましたが、利用されなかった理由は、やはり制度自体がとても複雑だったことに尽きます。

私たち税理士ですら、最初は制度の規定に目を通しても、何を言っているのかさっぱりわかりませんでした。あまりにも複雑な制度のため、ほとんどの税理士は、「この制度にはあまり関わりたくない」というのが本音でしょう。また、専門家である税理士が、この制度に対して消極的なのは、この制度を利用しようとすると、事前の自社株対策がやりにくくなってしまうからです。

その理由をここで説明すると話がややこしくなるのでやめますが、税理士ですら使いたがらない制度、そして実際にあまり有効に利用されていない制度であるということまでは、インターネットで簡単に調べるくらいではわからないと思います。情報を目にしたからといって、税理士ではない経営者のみなさんが、どこまで理解できるでしょうか。

なお、この制度は今回の税制改正（平成30年税制改正）において抜本的な改正が予定されており、その内容に注目が集まっています。この改正で大いに使い勝手がよくなるのであれば、メリット・デメリットをしっかりと見極めたうえで、この制度を利用するかどうか柔軟に検討していくべきでしょう。税理士は毎年の税制改正をきちんと把握し、常に最新の税法に基づいてベストな方法を判断していく必要があるのです。

いずれにしても、とても複雑で難しい専門的なことはその道のプロに任せ、経営者がすべき仕事に注力することが賢明です。

●顧問税理士が何も言わないのは、準備の必要がないから？

自社を廃業に追い込まないためにも、税理士などの専門家と相談して事業承継を進めたほうがいいということはわかったと。しかし、

「これだけ大事なことなのに、どうしてうちの顧問税理士は何も言わないのだろうか？

うちは業績も安定しているし、自社株も分散されていない。だから事業承継の準備は必要ないってことなんだろうな」

そんなふうに納得するのは危険です。断言しておきたいのは、会社を廃業しないのであれば、事業承継の準備は必ず行わなければいけないことなのです。

たとえば、「自社株の評価のことなんて、税理士の口から聞いたこともない」ということであれば、自社株の評価に興味を持つこともないはずです。そもそも中小企業の自社株は上場していないので、一般の投資家に購入されることもありませんから、株価を意識することがありません。つまり、顧問税理士が自社株の評価を経営者に伝えなければ、株価がいくらになるのかを知ることもないのです。

税理士の仕事は会社の決算書と確定申告書を作るというのが一般的な業務で、これに色々なアドバイスをするといった付加価値をつけてサービスを提供しています。顧問料の金額が低くなるほど、サービスの幅が狭くなり質が低下しがちです。最近は、税理士の顧問料を思いっきり下げるために、帳簿の記帳だけといった必要最小限のサービスに留めて提供しているケースも見受けられますが、一般的な顧問料よりも安く顧問税理士と契約している場合は、自社株を含めた事業承継についてのアドバイスはまず受けられないでしょう。

自社株問題についてのアドバイスは、税理士の一般的な業務ではなく、全く別のサービスなのです。これらのサービスは「資産税に関するサービス」と呼ばれ、税理士の業務の中でも特殊な分野に属しています。顧問税理士であっても、このサービスを提供できる税理士であるかどうかは、その顧問税理士がどのような経験を積んできたのかを確認しなければ、判断できません。

もちろん、ほとんどの税理士が「資産税に関するサービス」について基礎的な知識を持っています。何か質問をすれば、ある程度は答えてくれるはずです。しかしながら、ほとんどの税理士のサービスに自社株問題に対するアドバイスは入っていませんから、顧問税理士から自社株問題に対して、積極的に提案を受けるということはほぼ無いのではないかと思います。さらに言えば、先にお伝えしたように、その相談はオプションとして別料金が発生すると考えられます。

つまりほとんどの顧問税理士が、この問題にノータッチなのです。この事実を知らなければ、なぜ顧問税理士が何も言わないのかの理由もわからないですよね。だからこそ、「顧問税理士が何も言わないから大丈夫」で済ませてはいけないのです。

●顧問税理士と事業承継専門の税理士は友好な関係

私たちが事業承継を担当させていただく際、大半は顧問税理士からの紹介か、その会社に経営面のアドバイスを行っているコンサルタントからの紹介です。私たちのオフィシャルサイトをご覧になって、経営者自らコンタクトを取ってこられるケースは、顧問税理士やコンサルタントからの紹介の数と比較するとレアケースです。

これには二つの理由があると思われます。

一つ目の理由は、事業承継とはやはり重い腰を上げて、やっと取り組むことなのです。経営者にとっては、事業承継＝自分の引退を考えることに直結するので、生涯現役でいたい経営者にとっては、「引退のことを考えるくらいなら、70代80代になっても働けるよう、食事や生活スタイルに気を使ったほうがいい」と、アレルギーを感じる方も多いです。事業承継に対して、後ろ向きな印象を持っていれば、自ら私たちのような専門家にコンタクトを取って、積極的に動こうとはしないでしょう。顧問税理士やコンサルタントから、そろそろ事業承継について真剣に考えたほうがいいと言われて、「確かにそろそろ考えなくちゃな」と、仕方なく取り組む経営者が多いからです。

そしてもう一つの理由は、顧問税理士に遠慮して、他の税理士に税務のことを相談してはいけないと思っている経営者が多いということだと思います。

「顧問税理士以外の税理士に相談したら、顧問税理士が嫌がるはず」

「顧問税理士からすれば、侮辱されたと感じないか?」

そんなふうに思っている経営者がとても多いのです。

しかし、事業承継に限定して言えることではなく、何かしら納得いかないことや疑問があるのに、顧問税理士から納得できる答えが返ってこなかったら、どうすべきでしょうか。放置しておくのは気分が悪いし、顧問税理士との信頼関係も揺らぐと思います。

顧問税理士から納得いく答えが出て来なかったら、病気のセカンドオピニオンではないですけれども、他の税理士にあたってみればいいのです。経営者が顧問料を払って税理士を雇っているのですから、顧問税理士に何か言われる筋合いはありません。

私たちは顧問税理士やコンサルタントから依頼を受けるケースがとても多いのですが、その理由は、顧問税理士が事業承継に詳しくないからです。コンサルタントであればなおのことです。顧問税理士は、専門性の高い税理士に任せることができて良かったと思っているはずですし、コンサルタントからしてみれば、お客さまへのサービスの一環というところでもあります。

ですから、事業承継のことだけを他の税理士に相談しても何も問題ありません。

実際に私たちが事業承継を担当することになった場合は、顧問税理士と連携を取って進めていきます。必要に応じて経営者と私たち、そして顧問税理士の三者が揃った打ち合わせを行い、私たちから提案内容をしっかり説明します。

事業承継を進めていくにあたっては、顧問税理士の理解を得て協力してもらったほうが会社の内容を詳細に把握することができ、単独で実行する場合と比べて、会社にとって最適な提案につながる可能性が格段に高くなります。私たちが会社に対してお手伝いするのは、事業承継に関する業務のみで、日常的な税務に私たちが積極的に関わることは一切ありません。日常の税務と事業承継は、業務が全く違うものなので、そこは明確な役割分担が可能なのです。ですから、顧問税理士と私たちの間で、何かしらトラブルに発展することはまずあり得ませんので、どうぞご安心ください。

経営者のみなさんは、顧問税理士の業務の中に事業承継に関する提案が入っていない可能性があること、専門家と顧問税理士はとても友好な関係であることを認識して、日常の税務と事業承継を任せる税理士を分けることに対して、ぜひ前向きに検討してみてください。

コラム●事業承継の流れ

事業承継はじっくりと時間をかけて進めていくものです。ですが、実際にどの程度の時間が必要なのかを把握しておくほうが、よりイメージがつきやすいでしょう。事業承継の流れを簡単にまとめました。

まず顧問税理士、もしくは私たちのように事業承継専門の税理士に、「事業承継について相談したい」と伝えます。初回の顔合わせはヒアリングです。ここでは、

・後継者がいるかどうか
・自社株の保有率や株主構成
・会社の将来をどのように考えているのか

などを伺います。まずは会社がどのような状況にあるのかを伺うので、ざっくばらんにお話ください。一番大切なのは、「将来をどのように考えているのか」です。事業

承継に関する打ち合わせの前に考えておいていただくと話がスムーズに進みます。決算書を準備しておいていただくとより具体的な話ができます。

ヒアリング内容をもとに、事業承継のプランを考えご提案という流れになりますが、提案書を提出するまでの期間は1カ月前後といったところです。当社ではもっと短期間で提案することもありますが、一般的には1カ月前後です。プランがまとまったら、提案書を持参し、なぜこのようなプランにしたのかを説明しながら、事業承継の方向性を固めていきます。

この際、わからないことがあったらどんどん質問してください。事業承継とは何かといった初歩的な質問でも構いません。このタイミングで事業承継およびプランの内容を理解しておかないと、後で話が違うなということになりかねませんので、しつこく質問していただいたほうが良いでしょう。私たちが担当させていただいたお客様の中には、理解できるまで5〜6回のヒアリングを行った経営者もいます。

プランが決まったら実務を進めていきますが、ここからが時間がかかります。自社株の整理や組織再編など、最低でも1年間は手続きに要するとみておけば、間違いありません。手続きが終わるまでは、定期的に伺いながら、進捗を報告します。どういったプランを進めているのか、このプランはどういった効果があるのかを何度も説明することで経営者の理解がどんどん深まっていきますので、このプロセスが非常に重要だと私たちは考えています。組織再編に伴うことで社内のルールが変更になる場合は、経理担当者などに説明を行います。顧問税理士に同席してもらうこともありますが、これは事業承継の内容によります。自社株を整理するというのは経営者の仕事であり、経営者と相談しながら進めていくので従業員は関係ありませんが、組織再編になってくると実務レベルに変更が生じるからです。

組織再編を行った後に疑問点や何かしら変更しなければいけないところが出てきたら、適宜対応していきます。私たちが担当した案件によっては、3～5年かけて組織再編が完了するということもあります。その期間を使って経営者には、後継者に対して経営者になるための教育を行ったりしながら、事業承継に向けた経営者としての準備を進めていただきます。

事業承継のプランを決めたら即実行できるというわけではありません。そして事業承継の内容によっては、実行期間がとても長い場合もあります。事業承継は時間がかかるとご理解いただき、１日も早く私たちのような専門家にご相談されることをおすすめします。

第3章

経営者が考え、取り組むべきこと

後継者問題

後継者問題を考える

●後継者不足に悩む中小企業

後継者問題は、親族内に後継者がいたとしても、その逆に後継者がいなかったとしても、会社の今後を大きく左右することなので、大きな課題です。

食品の製造業を営むR社は、あと少しで創業100年。老舗といっても遜色ないほどの歴史を刻んできた会社です。

三代目であるM社長の人柄の良さは、顔だけでなく企業姿勢にも出ていました。従業員持株会制度（147ページ参照）を活用して、従業員に自社株を持たせて、毎年一定の配当を出していました。自社株を持っている従業員にとっては、ちょっとした福利厚生です。自分でお金を払って自社株を買ったとはいえ、ボーナス以外の臨時収入があるというのは、やはり嬉しいことでしょう。従業員持株会制度を利用して株式を持っている従業員が退社する時には、株式を従業員持株会に戻すように規定されているので、株式が戻ってきたときには、新たに従業員に募集をかけるのですが、株式を買いたい従業員が多く抽選になるくらいでした。

事業承継という観点からいえば、自社株は分散させることなく、経営者が100％所有しておくことが、トラブルを回避できる最善の方法です。しかし、M社長は自分たち親族だけが儲けるのではなく、できる限り従業員に利益を還元したいという考えをお持ちで、実際に実行されていました。なぜなら自分だけでなく、従業員も株主。会社は株主のものであると考えるならば、R社はM社長と株主である従業員のものだとお考えでした。

そんなR社の一番の課題は後継者問題です。

M社長は娘さんを後継者にしたいと考えていましたが、娘さんがまだ若いだけでなく、後継者には決まっていません。娘さんの意思を尊重されているのだと思いますが、自分で三代続いた会社を、ここで廃業するわけにはいきません。何よりも、従業員を家族のように大切にされているM社長ですから、親族から後継者が出なかったとしても、そのことで従業員を路頭に迷わすようなことだけは、絶対にしたくないという思いがあったのでしょう。もし娘さんが事業を引き継がず、従業員のなかから選んだ後継者が事業を引き継ぐことになったとしても、うまく事業承継を行えるような体制を整えておきたいということでした。

M社長は、後継者が確定していないこと。またお子さんは娘さんおひとりだけではなかったので、後継者以外のお子さんにも何かしら財産を分配できないかと考えていらっしゃいました。

役員に名を連ねているのに実質上は会社に来てもいなかったということで、税務調査で問題になっている事例をよく目にします。役員報酬というかたちで、親族が収入源を確保できる体制を整えている会社はとても多いですし、そこは経営者の判断ですから、後継者ではないお子さんを役員にすることは何ら問題ありません。まったく働いていないのに役員報酬だけもらうということが問題であり、何かしら会社の経営に関与していれば問題ありませんし、多くの会社が親族を役員に据えています。

しかしM社長は、「事業に関与していない後継者以外のお子さんに、役員報酬などで有利な環境を与えるのは気が引ける。このR社は、従業員全員のためにある会社だから」と、本当に経営者の鏡ではないかと思うようなことをおっしゃいました。

そこで、M社長をはじめとする親族だけが株式を保有する会社を別に興して、後継者以外の親族を役員として迎えてはどうかと提案しました。R社では不動産をいくつか所有していて、一定の家賃収入があったので、不動産部門だけで新会社を興し、そこの株主は親族のみにしたのです。こうすることで、後継者だけでなく、後継者にならなかったお子さんにもM社長が家業を守り、大きくしてきた財産の一部を分配することができますし、従業員も今までとおり大切にすることができます。会社に関わる人全員を大切にしたいM社長も、この提案に納得されました。

また、従業員持株会が保有している株式についても将来リスクとならないように、M社長が100％の株式を保有していなくも、安定的に経営ができるようにと種類株式（148ページ参照）を活用したプランも提案し実行することになったのです。

余談ですがR社の本社は昔ながらの木造一軒家でした。

2階に上がっていくと和室があって、そこが応接室になっていました。おじいちゃんの家に遊びに来たような感じです。打ち合わせも一段落したとき、ふと置かれているギターが目に入りました。「M社長はギターが趣味なんですか」と聞いてみたところ、これは従業員のものなのだとおっしゃいました。応接室に従業員のギターが置かれているという、なんともアットホームな会社です。

R社は、税理士の目から見ても、優良企業であると太鼓判を押したくなるような健全経営です。M社長が外車を乗り回し、身につけるものに贅をつくしていても疑問を持たないほど利益を上げていましたが、M社長にはそんな素振りは一切ありません。本社からして質素倹約。そして親族だけでなく、従業員を家族のように扱い、とても大切にしている。そんなM社長の姿勢に、私たちは学ぶものが多くありました。

●社員のモチベーションアップ！　社内独立を活用した権限委譲の仕組み

小売業を営むS社長は、お会いした時にはまだ50代前半でした。非常にやり手で、20歳で起業してからというもの、会社を拡大し、業績は右肩上がりです。事業意欲のあるS社長は、ご自身の経験をいかして、従業員でも頑張れば社長になれるのだと、学歴やこれまでの社会人経験ではなく、やる気があれば夢は叶うのだということを従業員に伝えたいと考えていらっしゃいます。

S社長は20歳で起業したので、創業100周年をこの目で見ることが夢だと話してくださいました（S社長なら実現できそうなくらいバイタリティをお持ちです）。会社を業界でもトップクラスにすることを目指し、全国規模に拡大するというミッションを掲げていらっしゃいます。やる気のある従業員に会社を任せ、一大ネットワークを築こうとしていました。

自身のノウハウを伝え、子会社の社長を任せる。言ってみればフランチャイズですが、従業員に任せた以上は、従業員の裁量に任せ、「彼らの好きなようにやらせている」というS社長の姿勢に男気を感じましたし、努力するだけではなかなか報われないご時世に、とても夢がある会社だなと思いました。

相談をいただいた段階でS社長の後継者はまだ決まっていませんでしたが、親族の中から今後決めていくという話でした。

S社長は、子会社を100社まで増やしたいと話してくださいましたが、無計画に会社を増やしていき、後継者に会社を譲る際、S社長の理想通りに子会社が100社立ち上がっていたら、それぞれの会社の株式を1社ずつ後継者に渡していかなければならなくなる可能性がありました。それは相当な労力ですし、株式の承継が完了するのに多額の税負担が発生してしまいS社長が望む事業承継ができなくなってしまうことにもなりかねません。

そこでS社長には、母体となるS社長の会社が各子会社の株主になるというホールディングス体制を整えることを提案しました。株主がS社長の会社であれば、これから先、何か組織の体制を変えなければいけなくなった時に、S社長の権限で変更することができますし、後継者にはS社長の会社の株式だけを渡すことができればグループ全体の株式の承継が完了することになります。S社長のミッションを実現するために細かい仕組みづくりをしたのですが、ホールディングス体制にすることで、S社長の会社の株価を継続的に大きく引き下げることにもつながりました。

事業承継への体制が整ったことで、S社長は「これで何も心配なく仕事に没頭できるぞ！」と、意欲を燃やしておられました。

●わが社の将来を明確にイメージしよう

ここで紹介した2社は、親族内承継を軸にしながら、より良い事業承継を行えるように組織再編を導入して、理想的な組織体制を整えました。

しかしながら、なぜ理想的な組織体制を整えることができたのかというと、それは経営者にビジョンがあったからです。自分の会社の将来をこうしたいという夢がありました。経営者が思い描く組織体制を整えるために、私たちは最善の方法をお伝えしただけであって、経営者に思い描くものがなければ、何を提案したらいいのかが判断できません。

事業承継を成功に導くためには、税務や法務などといった専門的な知識や実務経験がいろいろな場面で必要不可欠な要素となります。税理士などのプロのアドバイスをもらいながら進めていくべきですが、そのアドバイスの土台となるのは、経営者のビジョンです。専門家に相談する前に、自社をどうしたいのかを考えておくと、事業承継の準備がスムーズに進みます。

これまでの経験を振り返ると、気さくにいろいろと話してくださる経営者のほうが、良い提案ができたなと思います。事業承継をより良いカタチでカスタマイズするために組織再編を提案しますが、提案内容によっては、逆に会社にとってマイナスに働いてしまう可能性もゼロではありません。組織再編を使ったからどの会社も状況が改善されるというわけではないので、経営者のビジョンを、できる限り詳しく聞いて、慎重に提案しなければ、理想的な改善には結びつきません。

まずはビジョンを抱き、そして私たちに話して聞かせてください。

後継者がいない場合はどうする？（親族外承継）

●親族内承継とは勝手が違う親族外承継

私たちが事業承継＋組織再編で、会社の将来に向けた体制を整えるお手伝いをしているのは、主に親族内承継です。

というのも親族外承継の場合、文字通り親族以外の人間に会社を譲ることになるので、経営者の親族のために社内体制を整えて、事業承継がスムーズに進むように準備するという、言わば王道な事業承継とはまた別の準備が必要になります。たとえば、会社の一部だけを譲り、残りの事業は手元に残すというのであれば、手元に残した事業を営む会社の事業承継に向けて準備をする必要がありますが、そうでない場合は、同じ事業承継でも親族内と親族外の承継ではタイプが違うのだと理解しておいてください。

しかしながら、事業承継の出口は４つあり、そのうちの２つは親族外承継です。親族内承継について詳しく触れる前に、ここでは２つの親族外承継、ＭＢＯとＭ＆Ａの事例をそれぞれご紹介したいと思います。

●従業員に会社を譲る親族外承継（MBO）

D社のA社長とF副社長は、共同経営者として苦楽を共にしてきました。自社株はA社長が60％、F副社長が40％保有していて、自社株の分散もなかったので、これまでは非常にスムーズに会社運営が行われてきました。

おふたりは、自分たちが親族同士ではなかったこともあり、事業承継を自分の子供たちにとは考えていませんでした。来るべき日に向けて育ててきた従業員の一人を次の経営者にすることを決め、顧問税理士と相談し、手始めに自社株の25％を譲渡しようと考えていました。

しかし最終的なゴールが明確になっていない状態で事業承継を進めていけば、後で問題になってしまうのではないかと考えた顧問税理士から声がかかり、私たちはD社の親族外承継、この場合は従業員に会社を譲渡するのでMBOを進めるためにどうすればいいのかと相談を受けることになりました。

親族内承継の場合、事業に関わっていない親族に自社株が渡ってしまうことで、会社の重要な取り決めを思うように決定できないといった問題が生じるリスクがあり、可能な限り自社株を分散させないことが重要です。D社の場合は、おふたりの株式を将来的には従業員である次期経営者に全て渡すことは決まっていますので、そんな心配は不要ではないかと思われるかもしれませんが、そうとも言い切れません。やはり自社株を持った人は、従業員であれ誰であれ、その段階から影響力を持つことになりますので、最初の段階で綿密に計画を立てることが重要なのです。

共同経営者のおふたりがMBOを進めることに関しては一切迷いがありませんでしたが、話をうかがったときに、これはちょっと面倒なことになりそうだと感じました。

まず、次期経営者に25％の自社株を譲渡する。そして、徐々に増やしていきながら、A社長は会長に、F副社長は相談役になって、実際の経営から退いていくのですが、本当に次期経営者が経営を任せても問題ないかどうかの見極めがつくまで、自社株を100％譲渡するのは避けたい。5年くらいかけて、じっくりと見極めたいとおっしゃいました。

確かに、そのほうが賢明です。いくら現段階で次期経営者に絶大な信頼があったとしても、その従業員が経営者としてやっていけるかどうかの見極めが仮に間違っていたとしたら、おふたりが苦労して築き上げた会社を潰してしまうことにもなりかねません。いくら自分たちが引退するとはいっても、引退した途端に会社が潰れてしまうなんて、やりきれないと思います。

それからもう一つは、自分たちがそうであったように、次期経営者以外にも、この人物ならと目をかけている従業員が2人いて、その従業員を共同経営者にしたいと考えていらっしゃったのです。つまり、この共同経営者候補である従業員にもいずれ自社株を譲ることになります。

非常に明解なビジョンをお持ちでしたが、そのビジョンに自社株の譲渡に対する税務の知識がついていっていませんでした。最終的に次期経営者を含めた3人に会社を継がせたい。そのために自社株を3人に分配したい。自社株の譲渡には、この範囲ならば株価を最大限安く抑えて譲渡できる範囲が決まっています。D社も優良企業なので、自社株の評価は非常に高くなっていました。一度に100％譲渡する気はないとおっしゃるものの、おそらく若い次期経営者では、安く譲渡できる範囲をこえて自社株を買い取れるほどの資金を準備することは難しいでしょう。

株価を安く抑えられる範囲で少しずつ譲っていきたいとはいうものの、その株価で全ての自社株を譲り受けるのは基本的に不可能なのです。事業承継に詳しく、自社株の譲渡に慣れた税理士がプランニングしなければ、多大なリスクを負うことになると感じました。

さらにおふたりはとても良心的な経営者で、自社株を譲渡することで、自分たちにお金が入ってくるくらいなら、より安く株価を抑えて、次期経営者に負担がないように譲りたいとおっしゃいます。

「その考え方は違いますよ」とお伝えしました。

ここまでD社を大きくしたのは社長と副社長です。2人にとってもプラスになる形で株を引き渡すべきだとお話して、2人にもある程度お金が渡るけれど、次期経営者にはなるべく負担がかからない、双方が納得できる引き渡しのプランを考えました。徐々に自社株を譲渡する割合を増やしながら、5年かけて自社株を完全に譲渡していきます。その5年という時間は、後継者育成のための時間でもあるのです。

●第三者に会社を譲る親族外承継（M＆A）

先の事例は、一緒に仕事をしてきた従業員に会社を譲るというMBOでしたが、M＆Aの事例として今からお話するK社の場合は、完全に社外。M＆Aでありながら、一部の事業を自社に残すという、少しイレギュラーな事業承継です。

K社は拠点を構える県を中心に数店舗のレストランを展開する飲食業を営んでいました。B社長には後継者がいませんでした。後継者がいないなら、自分が頑張れるところまではと営業してこられました。しかし、K社の経営コンサルタントから私たちに連絡が入り、70代と高齢になったB社長にとって、何か良い方法がないかと相談を持ち掛けられたのです。

事業は残したいけれど後継者がいない。ここまで話を聞く限りでは、M&Aしかないのかなと考えていました。地域密着型のレストランです。今まで地域の人たちに愛されてきて、業績も悪くはありません。しかしB社長には懸念がありました。

B社長の長女が、K社の経理を担当していたのです。店舗に立って接客をしていたわけではありませんし、B社長も長女を自分の後継者にとは考えていませんでしたが、M&Aで会社を譲ってしまったら、長女の収入減がなくなります。そこをクリアして、長女にこのまま一定の収入が入り続けるようにしたいとおっしゃいました。

K社は、飲食店事業のほかに、規模は小さいながらも卸売事業としてオリジナルレシピによる業務用ドレッシングを販売していました。和風やフレンチなど数種類、店舗でも販売していましたが、都内のレストランにも卸していました。おいしいと評判だったので、安定した収入が得られていたのです。

そこで私たちは、経営コンサルタントとも相談し、卸売事業を長女の会社として分割し独立させて残し、卸売事業がなくなり飲食事業だけとなったK社を売却するというプランを提案しました。先に述べたように、M&Aという事業承継と、その一部を切り取って新しい会社を興すという組織再編をミックスさせたプランです。

このプランを実行することで、今までどおり長女に一定の収入を確保することができました。小規模ながら、K社の業務用ドレッシングを愛用してこられたクライアントとも、取引を継続することができます。仮にM&AでK社を買収した会社が、収益が小規模だとこの卸売事業を切り捨ててしまったとしたら、B社長が大切にされてきたクライアントにも影響が出ます。規模が大きいのか小さいのかは関係ない。やはり会社として長く事業を行ってきたならば、何かしら社会に影響を与えることになります。

そうした影響を最小限に抑え、企業としての責任も果たし続けることができると、B社長は隠居生活に入りました。とても働き者のB社長でしたから、これからはぜひ、第二の人生をゆっくり過ごしていただきたいと思っています。

後継者対策の始め方（親族内承継）

●1日でも早く、できることから始めよう

経営者のお子さんなど身内に後継者がいる場合、将来やってくる後継者への事業承継に入る前に、やっておくべきことがたくさんあります。

1章のコラムで松下幸之助の「250年計画」に触れましたが、さすがに250年先を見通すことはできないにしても、事業承継に向けた準備ということでいえば、1日でも早く始めるにこしたことはないでしょう。お子さんがすでに社内で働いているならば、お子さんは後継者になるという自覚をお持ちのはずですから、経営者としての心構えを伝えること。武者修行といいますが、向学のために他社に勤めに出させるということもよく見られます。

後継者に引き継いだ後のことは、後継者に任せればいいのかもしれませんが、会社のビジョンとして10年後、20年後にどうありたいのかを考えることは、事業を継続させていくためには大切なことです。それがどのように会社を再編していけばいいのかのヒントにな

り、後継者が引き継ぎやすい会社の体制づくりにつながることでもあるので、会社の在り方について一度しっかりと考えてみてください。将来どんな会社にしていきたいのかは、私たちが事業承継を進めるにあたって、ヒアリングに伺った際には必ず聞いています。

それから従業員との関係（社内）の築き方や、取引先、金融機関などの関係（社外）を整理しておくことも重要です。経営者が創業者である場合は、会社のカラー＝経営者のカラーとして浸透しているので、後継者はあらゆる面で創業者である経営者と比較されがちです。後継者が動きやすいように、地盤固めをしておくことも大事です。特に取引先、金融機関など社外の人たちには、後継者として紹介しておくなど、早くからコミュニケーションを取らせておくことも重要です。

ある会社の話です。その会社の経営者と、メインバンクは長い付き合いで、用事があれば必ず支店長が来社してくれるほどでした。その後、経営者が急逝してしまい、後継者は父親である経営者に一度も紹介されることがなかったので、支店長とも会うことなく事業を引き継ぎました。そして、いざメインバンクとの打ち合わせという日になったとき、訪問してきたのは支店長ではなく、若手の担当者だったというのです。

この話を聞いたとき、後継者が引き継いでいかなければならないものは、会社や財産などの目に見えるものだけでなく、経営者がこれまで積み上げてきた信用や人との関係性など目に見えないものまで、本当にたくさんあるのだと改めて感じました。

事業承継に向けた準備というのは専門家の力を借りなければならないことから、経営者自身がしっかりと考え取り組んでいかなければならないことまで実にさまざまです。専門家に事業承継のことを相談する前に、少しずつでも構わないので、事業承継に向けた準備を進めておくことをおすすめします。

また、誰に事業承継のことを相談するのかを考えてみるのもいいかもしれません。「誰に事業承継を手伝ってもらうのかって、顧問税理士でしょ?」と思われるかもしれませんが、事業承継に取り組んだことのある経営者の先輩、番頭さんみたいな立場で長く会社を見てきた人、それからメンターなど、実務のプロだけでない頼れる方がいると心強いです。また1章でも述べましたが、日本の老舗企業の事例から読み取れる知恵も多分にあります。

●経営者が積み上げてきたものを、そのまま引き継ぐことはできない

これまで事業承継に税理士として関わってきて、強く感じていることは、事業承継に向

けた準備を少しずつ進めてきたからといって、それだけでは事業承継は成功しないということです。

事業承継とは、経営者が退いて、代わりに後継者を新社長に据えることです。つまり経営者が今まで座っていた椅子に、後継者を座らせるということなのですが、現実は違います。経営者が退いた椅子に、そのまま後継者を座らせることはできないのです。大きすぎたり、座高が高すぎたり、座り心地が好みでなかったりと、単に席が空いたからどうぞというだけでは、後継者にとってのその椅子は、座りやすいものにはなりません。

経営者にとっては、その椅子から立ち上がりたくないくらい座り心地が良かったのに、どうして後継者にとっては座り心地が良くないのでしょうか。経営者側からすれば、「自分が今まで温めてきた」という思いがあるので、なぜ座り心地が悪いのかについて、思いが巡りません。

座り心地が悪い理由は、経営者と後継者では、経験値も年齢も考え方も、何から何まで違うからです。現在の社内の体制は、経営者が何十年とかけて築いてきた体制です。現在の経営者にとってベストな体制に整っていますが、これが後継者にとってベストな体制とは限りません。経営者が交代しても、軸となる事業内容は変わらないかもしれませんが、その事業が円滑に進んだのは、事業を拡人してきた時代のニーズに合っていたということもあります。

ですから、後継者が同じ条件で会社を運営していけるとは限りません。何よりも後継者は若い。経営者の半分くらいの年数しか生きていないとするならば、半分くらいの人生経験しかない、実務経験となれば言わずもがなです。経営者の後釜になるからといって、会社を継いだ瞬間から同じようには当然できません。時間をかけて後継者を育てていかなければいけないのです。

まず経営者と後継者は違うのだということを認識し、将来にわたって力強く成長していく会社になるように、その深い経験で後継者を導いていく。後継者問題とは、まさに経営者が自ら考えて取り組まなくてはならない最後の大仕事であるといえるのではないでしょうか。

第4章

経営者が考え、取り組むべきこと

自社株問題

自社株問題を解決できるのは、経営者しかいない

●後継者の影に隠れがちな自社株問題

事業承継では後継者を決め、次の経営者にふさわしい存在となるように育てることが最大の課題になります。後継者が見つからなければ、親族外承継か、廃業するかという選択肢になりますし、後継者に目星がつかなければ、どのように事業承継を行うのかも判断ができません。

3章では、親族内承継と親族外承継についての事例をいくつかご紹介しました。どちらにしても、後継者をしっかりと決めることが事業を存続させていくための最優先事項であることは間違いありません。ただ、それだけで事業承継の問題が解決したとはいえません。

経営者が株式の大半を持っている場合が多い、つまり会社の経営と所有が一体化している場合が多い中小企業の経営者は、意識する機会が少ないのですが、会社とは代表取締役のものではなく、株主のものです。株主の過半数が賛成すれば、経営者がせっかく選んだ

後継者をクビにすることもできますし、会社にとっての重要な決定を拒否することもできてしまいます。株式を誰が持っているかということがとても大切です。

経営者が株式の大半を保有している今の段階では問題になることはありませんが、自社株問題は、後継者の代になり、後継者に株式が集中していない場合に顕在化してきます。株式を同じような割合で持っている兄弟が揉めて、後継者となった兄をクビにしてしまったなんてことはよくある話です。そうなると社内は混乱し、業績は下降の一途を辿ることでしょう。自分たちだけでなく、従業員までも路頭に迷わせることになりかねません。

経営者が後継者を決めるだけでは、事業承継は終わりません。その後継者に会社の株式を集中させることができて初めて、円滑な事業承継が完了したことになるといえます。株式を集中させるというのは、最低でも会社の株式の2／3以上を後継者が持つということです。こうしておけば、他の株主によって経営が脅かされることのリスクをほぼ排除することができます。

後継者がいればうちの会社は安泰だと考えている経営者は多いのですが、後継者問題と自社株問題は正に車の両輪の関係であるといっていいでしょう。どちらかだけを解決しても、会社はうまく進んでいきません。会社の経営と所有が一体化している中小企業では、後継者問題に意識が集中しがちですが、両方をバランスよく考えていくことがとても大切です。

●相続税が払えず大問題に

後継者に自社株をスムーズに引き継ぐためには、相続税の問題をクリアしなければいけません。相続税が払えないと会社が大変なことになってしまうというのは、何となく想像できると思いますが、具体的にどうなってしまうのかをもう少し詳しくお話しします。

相続税は、亡くなった方が持っていた財産から負担していた債務を引いた金額を基に計算します。ちなみに、相続税の税率は、財産が多ければ多いほど高くなり、最高税率はなんと55%です。しかも、個人に対する課税がどんどん重くなっていますので、今後更に税率が上がることが予想されます。

財産の中には、もちろん自社株が含まれますので、自社株について何の対策もしないまま経営者に万が一のことがあった場合には、その自社株はとても高い金額で評価される可能性があります（換金性には左右されません）。そうなると、多くの財産を保有していることになり、驚くほど高額な相続税を支払うことになります。

相続税は経営者が死亡してから10カ月以内に支払う必要があります。しかも、現金一括払いが原則です。財産のほとんどが自社株の場合、残された家族は相続によって自社株しかもらえませんから、多額の相続税を現金で払うことなどできるはずがありません。ある程度の現金があった場合でも、財産は残された家族で分けることになりますから、後継者が自社株を、それ以外の家族が現金をもらうことでバランスをとるのが一般的です。

結果的に自社株をもらった後継者は、相続税が払えないということになりますが、そうなってしまった場合、どうすればいいのでしょうか。事業を引継いだ後継者が相続税を払うための選択肢として、次のような方法が考えられます。

①相続税の延納や物納の制度を利用する
②後継者が借入れにより資金を調達する
③会社が借入れにより資金を調達する
④会社が資産や事業の売却により資金を調達する

①〜④のそれぞれの方法により相続税の問題を解決しようとした場合、後継者や会社は

どういう影響を受けるのでしょうか。

①か②の方法は、後継者が個人で問題を解決する方法です。この場合、後継者が長期間にわたって相続税もしくは、借入金という債務を返済していくことなります。後継者には、債務を返済しなくてはいけないというプレッシャーが重くのしかかるでしょう。その返済は会社から報酬をもらって行うことになるので、会社は後継者に対する報酬を増やすことになります。報酬には最大55％の所得税がかかりますから、所得税がとられた後の金額で返済をしていくとなると、増やさなければいけない報酬は相当な金額になるでしょう。考えただけで恐ろしくなります。結果として、事業承継直後の、会社としてとても重要な時期に、業績が大幅に悪化してしまうことになります。

会社が借入れにより資金を調達して、問題を解決しようとする方法が③です。

会社が資金調達した金額をそのまま後継者に貸し付けた場合には、①か②の方法を選択した場合と同じ結果となるだけなので、③を選択した場合は、後継者が相続でもらった株式を会社が買い取るのが効果的です。これを「自社株買い」といいます。自社株買いをすれば、後継者が債務の返済に苦しむことはなくなります。また、自社株買いは通常、最大55％の所得税がとられるのですが、相続を原因とする自社株買いについては20％しか所得税がかからない特例が用意されています。後継者としては願ったり叶ったりではないでしょうか。ただし、会社としては、事業の運営に全く関係のない債務を背負うことになり、財政状態や資金繰りが大幅に悪化することになります。どちらにしても、後継者にとって重い荷物を背負った状態での船出となります。

「社長交代による業績の悪化を懸念して銀行があまり資金を貸してくれなかった」「資金繰りが厳しくて借入返済のための高額の報酬なんて払えない」ということになると、会社の資産や事業を売却しなくては相続税の問題を解決することができなくなります。その場合は④の方法しかありません。

ただし、どんな会社でも、事業に関係なく、すぐに売ることができる資産なんてほとんど持っていません。むしろ事業に関係ない資産があったら、それこそ大問題です。従って、売却によって十分な資金を調達するためには、優良な資産や事業を手放すしかありません。会社の規模は小さくなり、競争力が低下するのは間違いありません。この影響が会社で働いている従業員にも波及して、「うちの会社は潰れるのでは」と従業員が混乱するかもしれません。どうにもならず廃業したのはいいけれど、払わなくてはいけない多額の相続税だけが残ってしまうなんて話も耳にします。

経営者がいなくなってしまっただけでも会社にとっては大変なことですが、それに加えて業績や資金繰りが大幅に悪化してしまうことで、後継者はとても厳しい状況での会社運営を余儀なくされてしまいます。繰り返しになりますが、この苦労を味わうのは経営者ではなく、後継者です。残された家族が必要以上に苦労することを望む経営者なんていないはずですから、一日でも早く自社株対策を行いましょう。

●なぜ自社株の評価を意識しないのか

ここまで再三、自社株で苦労するという話をしてきましたが、それならば早い段階で自社株の評価を知っておく必要がありますよね。ですが、そもそも自社株の評価を知っている経営者はどれ程いるでしょうか。

経営者と話していると、

「500万円で作った会社だから、後継者にもその金額で売ればいいんでしょ」

「うちの会社は全然利益が出てないし、借入金の返済に追われてお金も全然ないから、こんな会社の株価なんてたかが知れていると思う」

といった発言を耳にすることが多いのですが、どちらも間違っています。

中小企業の株式は、上場企業の株式のように誰かに売却することができない、換金性のない株式なので、株価を目にすることがありません。だから株価という意識が乏しくなるだけでなく、「自分の会社の株式に価値なんてない」と思いがちです。しかし、「うちの株価なんて誰も気にしていない」と思っている会社に限って、驚くほど高く評価されます。

余談ですが、この自社株の評価に対する評価方法は、とても適切とは言い難く、事業承継に支障が出るため、税理士など税務のプロやお金のプロと呼ばれる人たちから、従来の評価方法でいいのかと疑問視する声が挙がるくらい、事業承継において自社株の評価は永遠の課題です。

2章でも触れたように、自社株の評価が高くなる条件としては、「業績が好調で事業を拡大している会社」や「社歴が長い会社」などが挙げられます。どんなに資本金が小さくても、それはスタート時点の話であって、会社がいかに継続されてきたのかが判断される、業績や社歴という継続を表す面が高く評価されます。自社株の評価額＝資本金の額ではないのです。

業績が好調で社歴が長いというのは、経営者の努力のたまものです。経営者にとって、「素晴らしい業績ですね」と、「長い歴史をお持ちですね」は、誇りに受け取ってもいい褒め言葉であるはずです。それなのに、株価を上げ、事業承継という面から見るとデメリットに働く要素を多分に秘めているなんて、皮肉なことだと思います。

●意思能力の低下で株式を動かしたくても動かせない

自社株の評価を知らないということが自社株問題を進まなくさせている大きな原因なのですが、この問題で最近顕著だと感じているのが、株主の意思能力の低下で株式を動かしたくても動かせないという状況が増えてきていることです。

株主の意思能力の低下とはどんな状況を指すのでしょうか。一番多いケースが、株主が高齢化し、認知症を患うなどした結果、株主としての役割を果たすことができなくなることです。

その段階でどれくらいの株式の割合を持っていたかにもよるのですが、最悪の場合、会社の一番重要な意思決定機関である株主総会を開催することができなくなってしまう可能性すらあります。

こうなってしまうと、合併や分割などの組織再編はもちろんのこと、会社の本店を移転することもできませんし、役員に対して退職慰労金を支給することもできません。会社は現状維持を余儀なくされることになります。会社は日々重要な事項を決定し、常に成長していかなければならないはずです。「現状維持は衰退の始まり」とよくいわれますが、会社の意思が凍結されてしまう事態はとてつもなく大きなリスクといえるのではないでしょうか。

また、もうひとつの大きな問題として挙げたいのが、意思能力が低下すると自社株を譲渡するなどの法律行為が一切できなくなってしまうことです。つまり生前には後継者への自社株の承継ができなくなってしまうのです。相続による自社株の承継は、いつ起きるかわからないので、本書で紹介している株価をコントロールするいろいろな方法を活用することができません。そのため、多額の相続税負担が発生するリスクが生じます。また、後継者に自社株を集中させることができずに分散してしまい、会社が不安定になってしまうリスクも秘めているのです。

こうなってしまうと事業承継は完全にお手上げ状態となってしまいます。経営者のみなさんは「自分に限ってそんなことが起こるはずがない」と考えがちですが、将来のことは誰にもわかりません。

経営者が自分の意思で会社の将来を考え、後継者に道を示していくほうが、事業承継がうまくいくに決まっています。そのことを肝に銘じて早め早めに事業承継に取り組むようにしてください。

自社株問題についての問題意識を持とう

中小企業の多くは、経営者が自社株のほとんどを所有しており、基本的に換金性がないため、自社株の問題がクローズアップされる機会はあまり多くありません。前述のように顧問税理士が自社株問題に対してほとんど提案を行っていないという現状もあります。むしろ、この問題に対して積極的に提案をしているのは金融機関の方々なのかもしれません（最近では、低金利の影響で金融機関の動きが強くなっているような印象も受けています）。

繰り返しになりますが、自社株の評価や自社株が分散している場合のリスクについて、まったく気にしていない経営者がとても多いように感じています。

今まで20年、30年と会社を経営してきて、いざ後継者に株式を渡そうと自社株を評価してみると、あまりの高さにびっくりするという話は、税理士の私たちからすると、まったく珍しい話ではありません。

では、この問題を解決するにはどうしたらいいのでしょうか。

私たち専門家は、経営者に将来こんなリスクが想定できるとお伝えし、その問題を解決するための手法を考え、改善への道筋をつけていくことはできます。しかし、「うちの会社は自社株についてどんな問題があるのだろうか」と経営者のみなさんが問題意識を持ってくれない限り、私たちがアドバイスをする機会はなく手法も駆使できません。経営者が自発的に問題を解決するための一歩を踏み出していただくしかこの問題をスムーズに進める方法はないのです。

自社株対策の始め方

●自社株の評価を知る〈もしものときの相続税早見表〉

自社株対策は何から始めたらいいのか。もうおわかりだと思いますが、自社株の評価を知ることから始めます。株価を知ればこれは大変だということになり、事業承継に対する意識が高まると思うので、ぜひ株価を確認してください。

顧問税理士に依頼して、自社株の評価を算出してもらってください。これはただ待っているだけでは算出してもらえません。経営者から依頼しないと、おそらく提示はされないでしょう。

そこで顧問税理士に依頼する前に、自分でも簡単に自社株の評価が分かる方法があるのでお伝えしておきます。

毎年税務署に提出している確定申告書の中に「決算報告書」というものがあると思います。その「決算報告書」の貸借対照表を見てください。そこの右下に「純資産の部合計」という欄があり、そこに金額が記載されていると思います。この金額が自社株の評価の目

【図7】相続税早見表

〔前提〕相続人：配偶者、子供2人

相続財産価額	一次相続		二次相続		合計	
	相続税額	税率	相続税額	税率	相続税額	税率
5,000万円	10万円	0.2%	0万円	0%	10万円	0.2%
1億円	315万円	3%	80万円	1%	395万円	4%
1.5億円	748万円	5%	395万円	3%	1,143万円	8%
2億円	1,350万円	7%	770万円	4%	2,120万円	11%
3億円	2,860万円	10%	1,840万円	6%	4,700万円	16%
4億円	4,610万円	12%	3,340万円	8%	7,950万円	20%
5億円	6,555万円	13%	4,920万円	10%	1.1億円	23%
6億円	8,680万円	14%	6,920万円	12%	1.6億円	26%
7億円	1.1億円	16%	8,920万円	13%	2億円	28%
8億円	1.3億円	16%	1.1億円	14%	2.4億円	30%
9億円	1.5億円	17%	1.3億円	14%	2.8億円	32%
10億円	1.8億円	18%	1.5億円	15%	3.3億円	33%
12億円	2.3億円	19%	2億円	16%	4.3億円	35%
14億円	2.8億円	20%	2.5億円	18%	5.3億円	37%
16億円	3.3億円	21%	3億円	18%	6.3億円	39%
18億円	3.8億円	21%	3.5億円	19%	7.3億円	40%
20億円	4.3億円	22%	4億円	20%	8.3億円	41%

※一次相続で配偶者が遺産総額の1/2を取得したと仮定している。
※配偶者の税額軽減のみ適用し計算している。
出所：著者作成

安となる金額です。「純資産の部合計」を見るだけでも、会社を作った時の金額＝資本金は、「純資産の部合計」の中のほんの一握りだということがわかると思います。

そしてその「純資産の部合計」の金額を、【図7】の相続財産のところにあてはめてみてください。相続税額および、税率がわかります。これはあくまでも、金額の目安に過ぎませんので、金額が大きくて青ざめてしまった社長は一刻も早くしっかりとした自社株の評価を出してもらいましょう。

●株式は後継者一人に集中させる

ここまで自社株について何の対策もしないことが、会社を路頭に迷わすような大惨事につながるということをお話ししてきましたが、自社株問題を放置した場合に、もう一つ大きな問題が発生する可能性があります。それは、後継者が会社をスムーズに運営していけるかという支配権、つまり議決権の問題です。

会社は経営者のものではありません。株主のものです。多くの中小企業は、「経営者＝大株主」の場合が多いので、「会社は自分のものだ」と思っていても特に問題になることはありません。問題になるのは、経営者の座を後継者にバトンタッチした後です。後継者がしっかりと会社を支配できる状態を作っておかなければ、後継者が思い通りの経営をすることができずに会社の業績が大きく落ち込んでしまったり、最悪の場合、後継者が解任されてしまうなんてことにもなりかねません。では、会社を支配するためには、どれくらいの自社株を持つ必要があるのでしょうか。

会社に関するさまざまな方針は、株主総会決議によって決めます。この株主総会決議には、通常「普通決議」と「特別決議」という2種類の決議方法があります。

普通決議は、一般的な事項を決定するもので、議決権（通常の場合は、1株につき1議決権）の過半数が賛成することによって議題となっている事項が成立します。

特別決議は、会社の重要な事項を決定するもので、議決権の2／3以上が賛成することによって成立します。

会社をスムーズに運営していくためには、重要な事項を迅速に決定していかなければいけませんので、特別決議が問題なく成立する環境が不可欠です。つまり、会社の支配を盤石なものにするためには、最低でも後継者が議決権の2／3以上である67％以上、理想的には100％の自社株を持つ必要があります。

●上場していないから自社株は売れないという思い込み

経営者が後継者に自社株を引き継ぐとき、自社株の評価額が高ければ高いほど、相続税が発生するなどして、後継者に自社株を引き継ぐための準備が難しく、大変になります。

本書では自社株をとにかく後継者に集中させることが重要だとお伝えしてきましたが、自社株の保有率が高ければ高いほど、比例して相続税が高くなることは、何となく想像がつくと思います。

すると事業承継にあまり詳しくない顧問税理士から、自社株を分散してはどうかと提案されることが大半です。そして事業承継に関連する書籍などでも、今まで対策の一つとして、自社株を分散させることが紹介されてきました。手っ取り早くでき、税負担を軽減できるので、「税対策で何かできないか」と聞かれた顧問税理士もすすめやすいのです。

つまり何の手も打たなければ、自社株は分散していきます。現段階では分散していないとしても、将来的に分散していく傾向がとても強いものなのです。そして、自社株の分散は会社にとって大きなリスクを抱えることになります。


自社株を分散させると、どうして大変なことになるのか。そのもう一つの答えに株主による譲渡承認請求を通じた株式の買取り請求があります。

「うちは上場もしていないし、こんな小さな同族経営の会社の株なんて買おうと思う人なんかいない」と思っている経営者は多いですが、確かに世の中の上場企業の株を購入しているような個人株主などからは購入される機会はないでしょう。一般的な個人株主に購入されるかどうかに答えを出すとしたら、自社株を購入される機会は非常に稀なことであり、「自社株は売れない」という見解も一理あります。

しかし結論から言えば、自社株は売れます。

上場していない会社の株主が自分の持っている株を誰かに譲渡するとき、勝手に譲渡していいものではありません。株主総会や取締役会で承認を受けて、初めて譲渡できます(これを「株式の譲渡制限」といいます)。この譲渡制限の制度を「会社が承認してくれなければ、誰にも売れず、売りたくてもそのまま株を持ち続けるしかない」と勘違いしている人が多いのです。経営者の多くも同じように、「譲渡制限があるから勝手に株を売ることはできない」と認識しています。

実際に縁もゆかりもない人に自社株を譲渡したいという請求があった場合、それを認めてしまったら、自社株がどんどん分散してしまうことになります。当然経営者は、その株式の譲渡の承認を拒否します。

承認を拒否すれば、株式の譲渡ができなくなって話は終わり、となるでしょうか。実はそうではなく、譲渡の承認を拒否した場合には、会社側で他に買い取ってくれる人を見つけてくるか、会社自身で買い取らなくてはいけなくなってしまうのです。他に買い取ってくれる人を見つけてくるのはほぼ不可能ですから、ほとんどの場合、会社自身で買い取ることになってしまいます。結果的に株主が、会社に株式を買い取ってもらうように仕向けることができてしまうのです。

67%以上の自社株を持っていれば会社の支配は盤石だといっているにもかかわらず、なぜ、後継者が全株式を持つことが理想的なのかと思われるかもしれません。

「67%でいいんでしょ？ 100%でなくても構わないんでしょ？」

と言われそうですが、私たちは事業承継における自社株問題について相談されたなら、やはり100%を目指してくださいとアドバイスさせていただきます。

それは、どんな少数株主にも認められている「譲渡承認請求を通じた株式の買取請求」が発動するリスクを知っているからです。

●株式買取請求権の恐怖

株式買取請求権は、会社に自分が持っている株式を買い取ってもらえる権利のことです。いろいろな場面ででてくる可能性がありますが、一つの例として、前述のとおり株式の譲渡承認請求を拒否したときに顕在化します。実は、この株式買取請求権は、会社の資金を一気に枯渇させてしまう可能性を秘めたとても恐いものです。

株式買取請求権が行使されると、株式の売却金額について会社と売主との間で協議を行うことになります。協議がまとまらない場合は、最終的に裁判所に売却金額を決めてもらうことになります。

裁判所が決める金額は、税務上の評価とは比較にならないほど高い金額になることが一般的です。相手が、数株しか持っていない少数株主であれば大きな問題にはなりませんが、20％、30％を保有している株主が、この権利を行使すると、株式の買い取りのために膨大な資金が必要となり、会社の資金が一気に枯渇するなどの大きなダメージを受けることになってしまうのです。

株式買取請求権を行使される機会はそれほど多くはなく、気をつけておきたいのは譲渡承認請求くらいですが、株式買取請求権を侮ってはいけません。名前くらいは頭の片隅に記憶しておいてください。

最近では、種類株式（148ページ参照）という制度を使って、株式の一部を議決権がない株式（無議決権株式といいます）に変えてしまえば、株式を分散させても大丈夫という風潮が見られますが、この方法では、議決権を後継者に集中させるという問題は解決することはできても、株式買取請求権の問題を解決することにはなりません。

譲渡制限があるから勝手に株を売ることができないと、すべての少数株主が勘違いしたままであれば問題になることはありません。ですが、もし少数株主に弁護士などの専門家がついたらどうでしょうか。勘違いでこれまで顕在化していなかったリスクが、プロの手によって顕在化し、確実に買取請求を迫られることになるのです。実際に、この買取請求をビジネスとして行っている弁護士事務所もあるそうです。今は潜在的なリスクかもしれませんが、数年後には少数株主からの買取請求が当たり前になる日がくるかもしれません。

最後に、繰り返しになりますが、会社の支配を盤石なものにするためには、会社の重要事項を決める株主総会の「特別決議」を成立させることができる議決権の2／3以上、つまり67％以上の自社株を後継者が持つべきです。そして、後継者が持つ自社株の割合が多ければ多いほど会社の経営は安定します。全株式を後継者が持つことができれば最強です。

67％という数字は目指すべき目標の最低ラインであることをご理解いただき、突然の株式買取請求で会社が傾くことがないように、分散している株式の買い取りを含め、後継者に可能な限り自社株を集中させることをおすすめします。

●分散を放置することは、将来後継者に買い取りの交渉をさせるということ

経営者はいずれ後継者に会社を譲るのです。ご自身の代で自社株問題が明るみにならなかったとしても、必ず後で、つまり後継者の代で問題になります。

たとえば、あなたが創業者だとします。創業者の親族の一部が自社株を保有するパターンが一般的ですが、経営者の親族は誰かと考えると、両親や兄弟だと思います。つまり同世代や、経営者と近い関係にあります。

しかしこれが、後継者である経営者のお子さんの世代となったらどうでしょうか。後継者から見たおじさん・おばさん、親戚のお葬式で一度顔を見たことがある程度の縁遠い親戚に、株式の買取について交渉をしなければならなくなるのです。ろくに話したこともないような親戚や、目上の人に対して、強い態度に出るということは、簡単なことではありません。とても神経を使うことですし、経営者が思っている以上に後継者の負担になることが想像できます。

後継者には立派に会社を継いでほしい。今以上に会社を大きくしてほしいと思われているならば、株式買取請求権を行使されるリスクという、負の遺産を残さないように、経営

者が徹底して対処しておくことが大事です。
さらに言えば、親族で100％自社株を支配していても、安全とはいえません。経営者が自社の支配権を保ち続けるには、経営者以外の力が及ばないような体制づくりに努めるしかないと思います。

ここで一つ、自社株問題でありがちな例を見ていきましょう。

自社株対策を何もしていない状態で、全ての自社株を持っていた経営者に相続が発生し、その自社株を法定相続分どおりに配偶者が50％、後継者である長男が25％、後継者ではないけれど同じ会社で働いている次男が25％を取得したとします。
後継者である長男は自社株を25％しか持っていませんから、会社の重要な方針を決定する際には、いちいち大株主である母親（経営者の配偶者）に事情を説明し、納得してもらう必要があります。長男に全てを任せてくれる理解ある母親なら問題ありませんが、そうでない場合には、説明に長い時間を費やすことになり、会社の方針がなかなか決まりません。結果、中小企業の生命線である経営のスピード感が失われ、会社の業績が大きく失速してしまうことにもつながります。

それだけではありません。もし、長男と次男が営業の方針などで対立し、母親が次男に協力してしまった場合には、母親と次男、併せて75%という強力な持株比率を武器に、長男を解任することもできるのです。

最初は親と兄弟で100%保有していたかもしれません。しかし親から子へと自社株が譲渡されていく中で、気が付いたら驚くくらい遠縁のところに自社株が渡ることになるかもしれません。そうなってからでは遅いのです。

実際にご相談を受けた会社でも世代交代を重ねた結果、親族だけで株式は持っているもののその人数が20人を超えているというようなケースもありました。

上場している会社の株式は、他社に買収されないように、いかに株式を守るかといった対策が行われています。株主対策を怠ったが故に、会社を乗っ取られてしまった悲劇は、世界中で起こっています。

これは自社株に対して意識が向いていないという話と共通していますが、上場していないので株価にも敏感にならないですし、株式の譲渡には制限がついています（制限がついていても譲渡ができることは前述したとおりです）から自社株を狙う敵がいないと思いがちです。

経営者にとって自身の権限を守り続けるために、何よりも重要な自社株。その自社株を狙うのは外部の人間だけではないのです。一番近い親族に狙われる。しかも、世代を重ねて縁遠くなれば遠慮もなくなります。言葉は悪いのですが、気を付けなければいけないのは外部の人間だけではないのです。まったく事業には関与していないのに、都合の良いときだけ権利を主張してくる親族のほうが、何倍もたちが悪いのです。そして、この問題を放置するということは、その対応を後継者に先送りすることになるのです。

●株価対策の王道は役員退職金

自社株は分散してはいけない、可能な限り後継者に集中させることが望ましいことを繰り返しお伝えしてきました。「そうはいっても、すごく高く評価されてしまう自社株を後継者に集中させるには、莫大な資金や税負担が必要なのではないか」と心配になってしまうかもしれません。確かに何もしないで後継者へ自社株を承継した場合、凄まじい金額の税負担が発生してしまう可能性があります。そうならないために経営者のみなさんが絶対にしておかなければならないことは自社株対策です。業績優秀で、社歴の長い会社でも、自社株の評価を下げるさまざまな対策が実はあります。ここでは、有効な方法の一つとして、役員退職金についてご紹介しておきましょう。

一般的に株価が下がる、わかりやすいタイミングはと問われると、それは経営者に退職金を支払ったときです。経営者に多額の退職金を支払うと、株価が半分以下になることも珍しくありません。そう聞けば、これ以上有効な方法はないのではと思われるかもしれません。退職金の支給は、それくらい絶大な効果を持った自社株対策なのです。ただし、その反面、気をつけなければいけない点もあります。

経営者に退職金を支払うということは、経営者が役員を下りるということです。つまり、会社の経営者ではなくなるので、今まで経営者として有していた権限を持たない人になります。

多額の退職金が支払われると、高い確率で税務調査が行われます。そこで、退職金をもらったのに、経営者がいつまでも会社に出てきて仕事をしていることが発覚してしまうと、本当は辞めていないじゃないかと調査官に指摘を受けてしまうことになります。そうなってしまったらもう目も当てられません。「退職金という名目で、賞与を与えただけ」と取り扱われ、詳細な説明は省略しますが、法人税、所得税、贈与税（相続税）と、とんでもない税負担を強いられることになってしまいます。

ですから、経営者が後継者に会社を譲ったのだという自覚を持ち、いつまでも会社に出ていきたいと思う自分の気持ちをコントロールすることも求められます。前経営者であった会長が、現在の経営者よりもはるかに存在感があるという会社も中にはありますが、それでは従業員も、後継者を信頼する気持ちが失せてしまいますよね。「会長は引退したけれど、息子さんが頼りないから様子を見に来ているんじゃないか」と思われたら、前経営者にとっても、後継者にとってもマイナスです。退職金を活用するためには、退職という事実が絶対に必要なのだということを覚えておいてください。

自社株対策の一例として、とても有効な退職金について触れましたが、これですべてを解決してくれるわけではありません。経営者へ退職金を支給したタイミングでは、株価を劇的に引き下げてくれますが、株価を引き下げてくれるという効果は、退職金を支給したあとの一瞬だけです。つまり、株価の引き下げ効果は、一時的なものであり、一度下がった株価も、またすぐに上がっていきます。計画的に退職金が支給できてはじめて効果が得られる対策であり、経営者に万が一のことがあった場合の自社株対策にはなりません。

もしこの退職金の効果にプラスして万が一の場合にも、株価を引き下げる対策があったとしたらどうでしょうか。しかも、この対策は後継者が引き継ぎやすいように会社の組織を変えることと密接に関わっています。次章で、その対策の内容や効果について詳しく説明していきましょう。

第5章

ホールディングス体制で、会社の未来が変わる

組織を変えることが自社株対策になる

●役員退職金だけでは不十分

4章の最後で、自社株対策の王道である役員退職金にも「経営者に万が一のことがあった場合の自社株対策にはならない」という欠点があることをお伝えしました。

役員退職金が自社株対策になるということは、事業承継について書かれた書籍にはほぼ書いてあることなので、「役員退職金で自社株の評価を下げればいい」と思っていた経営者のみなさんには申し訳ないのですが、役員退職金も万能とは言い切れません。

一番良いのは、役員退職金の効果にプラスして、万が一に備えて、経常的に自社株の評価が下がる仕組みをつくっておくこと。これは、後継者のために会社の基盤を整えておくことにもつながります。これから紹介する組織再編の活用の中にそのヒントが隠されています。ぜひ参考にしてください。

合併・分割・株式交換の具体例

●合併／会社が大きくなれば株価は下がる？

経営者が複数の会社を活用して、さまざまな事業運営を行っているケースを目にすることがあります。

経営者は徐々に会社を増やしてきたので、全ての会社の役割を十分に理解し、円滑に事業を運営していくことができていましたが、経営者1年生の後継者にとって、複数の会社の経営をすべて把握するのは大変な作業です。会社ごとの役割を理解し経営していくことが負担となってしまう可能性があります。その負担を解消するためには、複数の会社をまとめて一つの会社にしてしまう（このことを「合併」といいます）ことが有効手段の一つとして考えられます。複数の会社をまとめて規模が大きくなってしまうと、株価も上がってしまうのではと思われるかもしれませんが、株価を経常的に下げることに効果を発揮する場合もあります。

専門的な説明は省略しますが、規模の小さい会社をまとめて一つの会社にした場合、複

【図8】合併

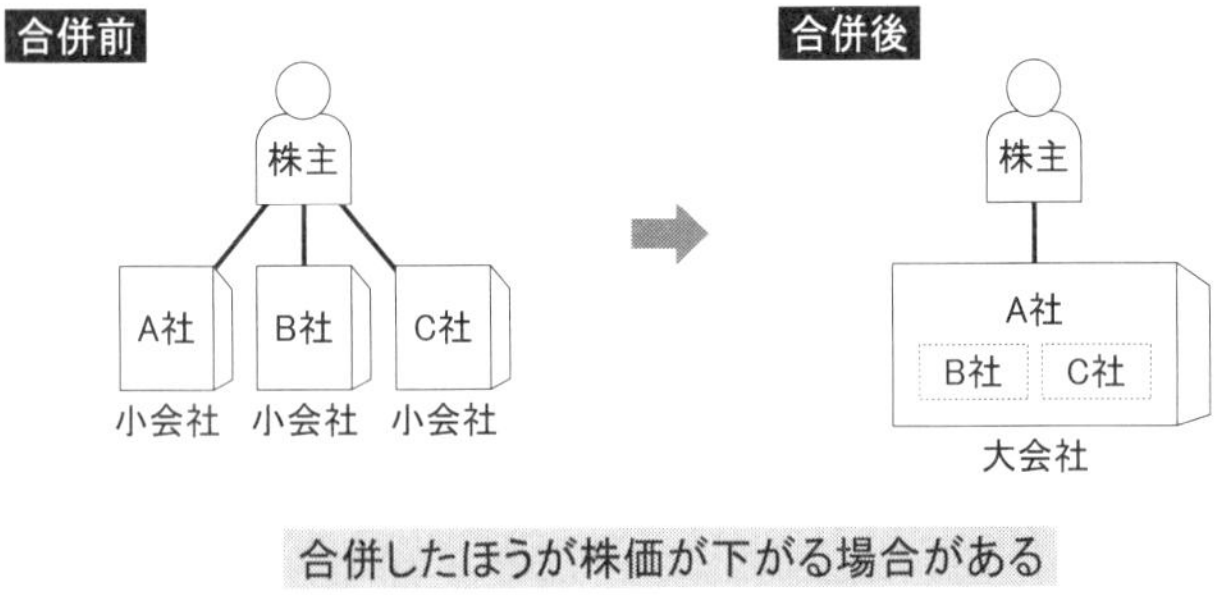

出所：著者作成

数の規模の小さな会社の株価の合計額よりも大きな会社一社の株価の方が、株価が大きく下がってしまう可能性があります。しかも、その効果は会社を一つにしてから、ずっと続きます。

さらに、前章で役員退職金の支給により株価を大きく引き下げることができると説明しましたが、複数の会社でそれぞれ役員退職金を支給するよりも、一つの会社にしてその会社で多額の役員退職金を支給したほうが、役員退職金による株価の引き下げ効果が格段に大きくなる可能性があります。

複数の会社をそれぞれ後継者に譲っていくよりも、一つの会社を譲るほうが株式の承継自体もシンプルになります。これも大きなメリットではないでしょうか。

ただし、複数の会社を合併し一つの会社にすることで、株価が経常的に下がるかどうかはケースバイケースです。検討する場合には、事前に顧問税理士などに相談し、しっかりシミュレーションをするようにしてください。

●分割／大きすぎる会社、時にはダイエットが効果的

先ほどの合併とは反対のケースとして分割という方法をご紹介します。

これは一つの会社でさまざまな事業を営んでいる場合に用いられることが多く、組織再編の事例としては、合併よりも多いかもしれません。後継者がその会社で営んでいる全部の事業を承継できればいいのですが、会社の規模があまりにも大きすぎて、全てを任せるには荷が重い可能性があります。それを解消するための選択肢としては、一つの会社を事業ごとに複数の会社に分割し、それぞれの責任者に権限を委譲していく方法が考えられます。また、3章の事例にもありましたが、一部の会社をM&Aで売却するという選択肢もあります。

先に説明した合併では、会社の規模を大きくしたことで株価が下がることが期待できると書きました。では会社の規模を小さくする分割では、逆に株価が上がってしまうのではないかと思われたかもしれません。

【図9】分割

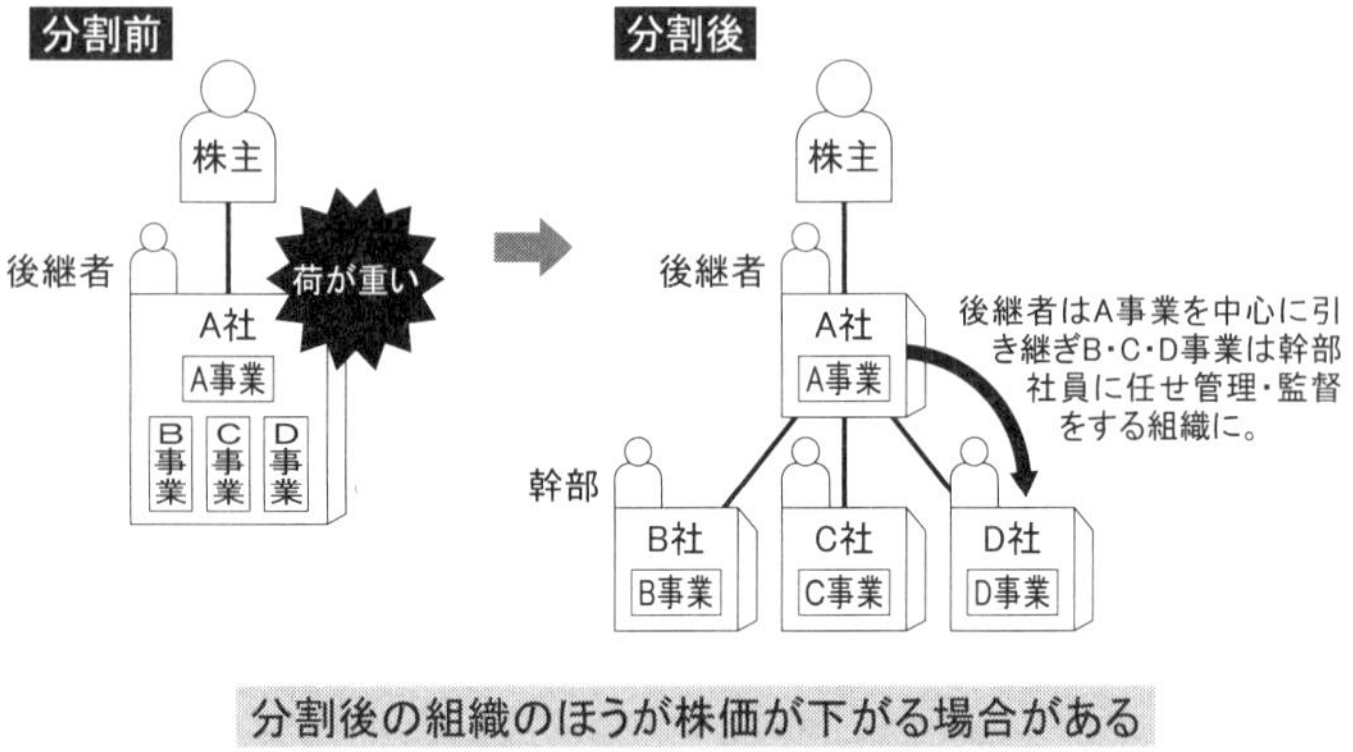

出所：著者作成

しかし、ある一定の規模まで会社が大きくなってしまえば、それ以上の規模の増加による株価の引き下げ効果はありません。その一定の規模が維持できるのであれば、会社が分かれている（利益が分散されている）ほうが、株価が経常的に下がっていることになります。その際、分かれた会社の組織の組み方がとても重要なポイントになります。権限を委譲していくのであれば、【図9】のように、しっかり監督・管理できる組織にしていかなければいけません。

多少複雑になってしまったかもしれませんが、ある程度の規模を持った会社を分けて複数の会社にした場合、分けた後の会社の株価の方が一社のままだった時と比べて、大きく下がり、その効果がずっと続くことになります。

一つの大きな会社を引き継ぐのは荷が重いけれど、その中の事業の一つであればぜひ引き継ぎたいという後継者が現れれば、M＆Aで第三者への承継しか選択肢がないと考えざるを得なかった経営者にとって、新たな事業承継の選択肢が広がることにもつながるのではないでしょうか。

会社を分けることのデメリットとして、会社の力（利益）が分散されてしまうことが考えられます。グループ全体を見れば何も変わらないので、あまり問題にならない可能性もありますが、分割に伴う経営への影響を考慮したうえで、組織を変更されることをおすすめします。

●株式交換／兄弟と親子の関係では株価が大きく違う

最近、複数の会社を作って事業を展開している若手の経営者が増えてきたように感じています。こういったグループ経営をしている会社では、組織の体制によって大きく自社株の評価が変わります。

本章の「社員のモチベーションアップ！　社内独立を活用した権限委譲の仕組み」（82ページ）で紹介した、創業100周年で会社を100社作ることを目標にしているS社長

【図10】株式交換

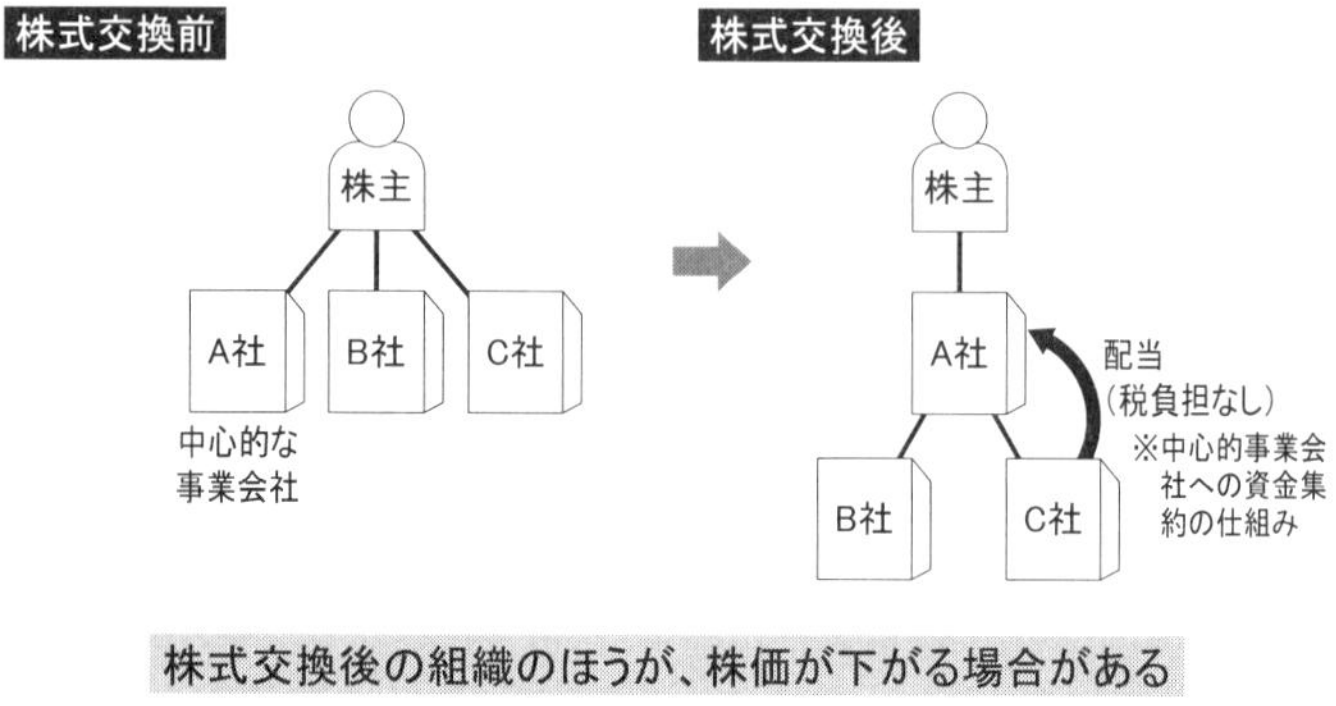

出所：著者作成

を例に、どういうことなのかを説明したいと思います。

相談を受ける前、S社長はA社、B社、C社という3つの会社を経営していました。会社の株主は全てS社長1人です。つまり、この3つの会社は株主であるS社長を頂点として横一列に並んだ状態、業界用語でいえば「兄弟会社」と呼ばれる状態でした。

これからの事業展開を今までと同じようにS社長の資金で会社をどんどん作っていくことは、個人として多額の資金が必要になってきますし、事業承継の場面で後継者に株式を承継する際にも大変な労力がかかってしまうことにもなりかねませんでした。そこで、私たちがアドバイスさせていただき、A社を中心的な役割を持つ親会社に据えて、残りのB社とC社をA社の子会社にしました（子会社化の手続きを「株式交換」といいます）。もともと兄弟関係にあった3社を、親子関係に変えたのです。そして、今後の事業は中心的な会社であるA社を軸に展開していってもらうことにしました。

複数の会社を親子関係にすると、親会社に円滑に資金を集中させる仕組みを作ることができます。なぜかというと、子会社から親会社への配当には一切税金がかからないからです（株主が個人であれば、ここで多額の税負担が発生してしまいます）。

子会社の利益を税負担なく親会社が吸い上げて、その資金を使って効率よく新たな投資をしていくことが可能となり、社長が個人的に資金を使う必要も一切なくなります。さらに、会社の組織体制が兄弟関係から親子関係に代わることで、自社株の評価がまったく変わってくるのです。

どのくらい変わるかはケースバイケースですが、ほとんどのケースで自社株の評価が大きく下がり、しかも、その効果が事業を拡大していけばいくほど大きくなっていきます。ただし、子会社が大きくなりすぎてしまうと、この自社株に関する効果が効かなくなってしまう可能性がありますので、必ず専門家のアドバイスを受けながら、取り組みを進めるようにしてください。

また、事業承継の場面でもこの組織体系は有効に働くことになります。100社を目指して会社がどんどん増えていったとしても、A社がすべての子会社の株式を保有しているので、子会社の支配権はA社の経営者であるS社長が全てにぎっています。後継者には親会社であるA社の経営を承継させ、子会社の経営は幹部社員などに権限を委譲するといったような柔軟な選択が可能となります。そして、株式を後継者に承継する際は、S社長が保有するA社の株式さえ後継者に譲ってしまえば100社すべての承継が完了することとなり、事業承継がとてもシンプルになります。

複数の会社を使ってグループ経営をしている場合、株主が全て社長などの個人で、グループ全体の組織が兄弟関係になっているところが多く見受けられます。兄弟関係を親子関係に変えるだけで、今後の事業展開や事業承継が円滑になる仕組みを作ることができますので、経営者のみなさんはぜひ検討してみてください。

おすすめは株式移転＝ホールディングス体制

●組織再編の中でも万能選手、株式移転

組織再編には6つの種類があり、利用頻度があまり多くない「現物出資」と「現物分配」を除いた「合併」「分割」「株式交換」について説明してきました。最後に紹介するのが「株式移転」です。株式移転も組織再編の一つなのに、なぜ別扱いするのかと思われるかもしれませんが、株式移転は組織再編の中でも残りの5つとは使い方や効果の及ぶ範囲が大きく違います。

株式移転以外の組織再編は、事業承継を行う際に、個々の会社に有利に働く場合にのみピックアップして活用するものです。ですから、合併することで効果が得られる会社もあれば、合併はあまりおすすめできないけれど、分割すれば組織的にとても良くなるという会社もあります。5つの組織再編に関してはすべての会社に有利に働くとはいえません。しかし株式移転だけは、どんな会社でもほぼ有利に働きます。いわば万能選手です。

株式移転という言葉は聞きなれないかもしれませんが、要はホールディングス体制を作

るということだと理解してください。つまり、持株会社をつくるための方法です。組織再編の1つに数えられていても、ほとんどの会社に有効な手段であるということで、私たちは別物という意識で株式移転によるホールディングス体制をおすすめしています。

まずは合併や分割などの組織再編で会社の体制を立て直します。これらの組織再編の手法を有効に使って、後継者が引き継ぎやすいように体制を整えることが、自社株対策にもなり、自社株の評価が経常的に下がる可能性があることは前述したとおりです。そして会社ごとに適した体制に整えてから、さらに株式移転を行う。二段階で組織再編を行うと、事業承継を円滑に行うことが可能となる仕組みを作ることができますし、自社株の評価がさらに下がることにもつながります。4章で触れたように、経営者に役員退職金を支払うことで株価は一時的に下がりますが、その株価の下落は、株価対策の王道ではありますが、一時的なものに過ぎず、経営者に万が一のことが起こった場合の対策にはなりません。

ですから、合併や分割などの組織再編により会社の体制を見直し、さらに株式移転によるホールディングス体制を整えることで、継続的に自社株の評価を大きく下げておき、実際に事業承継を実行する時期が来たら、経営者に退職金を支払うことで、自社株の評価を極限まで下げて後継者に自社株を承継させる。そうすれば、自社株問題を万全な状態で解決できたことになります。役員退職金だけで自社株対策を終わらせるのではなく、組織再編による対策を組み合わせることで、継続的に自社株の評価を下げることができれば、経営者のみなさんは安心して会社を発展させることに集中できるのではないでしょうか。

●ホールディングス体制なら、後継者問題と自社株問題を同時に解決

今まで後継者問題と自社株問題について触れましたが、この2つの問題は違うものであるようで、実は表裏一体。別々には考えにくい問題です。

経営者が後継者に会社を譲るということは、会社における社長のいすを後継者に譲るということであり、経営者が持つ自社株を後継者に承継させるということでもあります。

後継者に最安値で自社株を譲渡したいと思ったら当然株価対策が必要ですが、その王道は、4章の最後で触れたように、経営者に役員退職金を支払うタイミングが一番わかりやすく、導入しやすい株価対策といえます。自社株には財産権と支配権の2つの顔があるとお伝えしましたが、財産権としての自社株を考えたら、経営者に役員退職金を支払うとき以上に譲渡のベストタイミングはありません。

しかしながら、支配権と考えるとどうでしょうか。経営者に役員退職金を支払うタイミングで、「これなら安心してすべてを任せられるぞ」と思えるほど、後継者は成長しているでしょうか。おそらく、まだまだ心配だというのが経営者の本音でしょう。

自社株を手放せば、経営者は会社に対して権限がなくなります。後継者が安心できるほど成長していないのに、その後継者に権限が移り、後継者の采配にやきもきしても、何もできなくなるのでは……。そんな気持ちが、事業承継の準備から経営者を遠のかせてしまっているのではないかと私たちは思います。

つまり、自社株における財産権と支配権、そのベストな譲渡のタイミングが合わないことが、事業承継がうまくいかない大きな原因だったのではないかと思うのです。

特に経営者の中には、自社株の評価すら知らないという方もいます。そうなると財産権としての自社株にはあまり注目していないというか、危機感を抱いていないのですが、自分の権限がなくなるのではないかという支配権としての自社株には強く関心を持っていますし、執着心があります。

ということは、財産権と支配権を、別々に渡せるような方法が取れたら、事業承継は一発で解決するのではないかと思いませんか？　そんな便利な方法があるのかと思われるかもしれませんが、あります。

それが、ホールディングス体制の導入なのです。

●ホールディングス体制で支配権を維持

ホールディングス体制とは、簡単に言えば、事業会社の上に、事業会社の株式を100%保有する親会社となる持株会社を置くことです。6タイプある組織再編のうちの、主に株式移転（株式交換を使うケースもあります）を活用したもので、「会社を親子関係にすること」とイメージしていただければわかりやすいでしょう。

自社株が経営者に集中せず、親戚などに分散していると、何か会社にとって重要な決定事項を下したいときに、反対されるなどして、決定できない状況下に陥ることが、会社にとっては非常にデメリットであるということは先に書いたとおりです。

株式を買い集めることができればいいのですが、一度株主になった人たちが、業績の良い会社の株式を簡単に手放すとは考えにくいですよね。そこで、事業会社の株式ではなく、親会社である持株会社の株式を持ってもらうことにするのです。そうなると、もともと事業会社の株主だった方々は親会社である持株会社の株主になりますので、事業会社に対して直接口出しすることができなくなります。持っている株式そのものの価値はそのままです。つまり、持株会社の株主として財産権は変わらずに持ち続けるのですが、支配権といった事業会社への権限からは少し距離を置いてもらうように、ホールディングス体制を使って、体制を整えるのです。

このホールディングス体制になると、事業会社の支配権はこれまでの個人株主から事業会社の１００％親会社となる持株会社に移ります。そしてホールディングス体制導入後は、持株会社の代表者が事業会社の１００％株主として単独で議決権を行使することになるのです。

ホールディングス体制のメリットは、何といっても会社の意思決定が早くなることです。親会社と子会社の役割分担が明確になるというメリットもあります。もちろん自社株の評価を下げる対策にもなりますが、今まで親戚の余計な干渉に悩まされていた経営者にとっては、会社のことを自分の意思だけで決断できるようになることが、一番嬉しいことではないでしょうか。

また、ホールディングス体制は、先に述べたように、自社株が財産権と支配権という2つの顔を持つがゆえに事業承継を難しくしている大きな問題も解決してくれます。株式移

【図11】持株会社による経営権を確保する仕組み

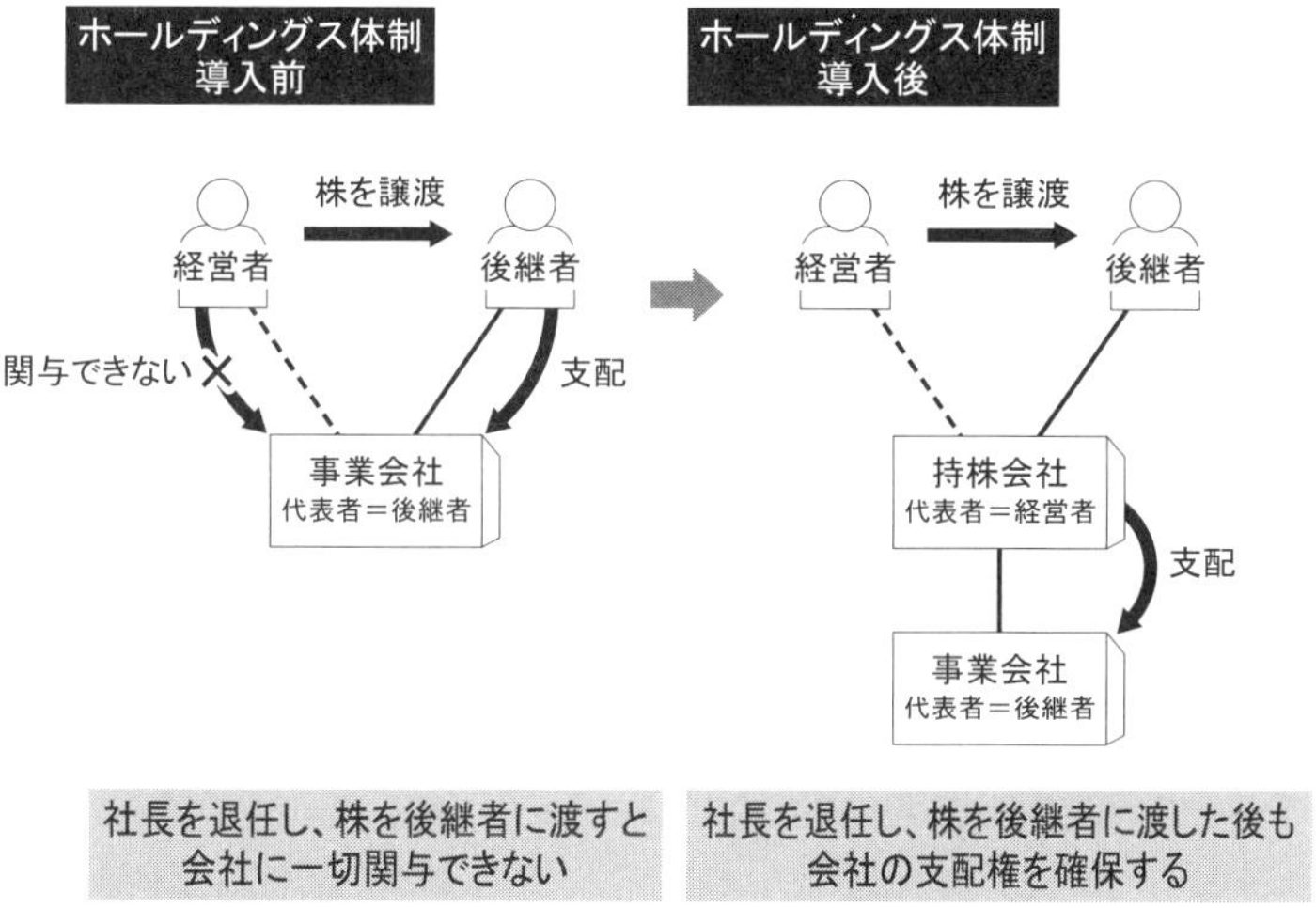

出所：著者作成

転によりホールディングス体制を導入すると、持株会社が事業会社の全株式を保有する体制を整えることができるからです。つまり、持株会社と事業会社との二社体制になることにより、経営者が事業会社の代表者を退いた後でも、持株会社の代表者にとどまることができます。事業会社の全株式を元経営者が代表者である持株会社で保有することになるため、事業会社の議決権を行使できる持株会社の代表者が、実質的に事業会社の支配権を握っていることになるのです。

後継者に株式の大部分を譲ったとしても、持株会社の代表者にとどまることができれば、元経営者が支配権を維持し続ける仕組みを構築することができることになります。つまり、事業会社を退任し、経営の第一線から退いたとしても、持株会社の代表者にとどまることで、事業会社の株主として、後継者の経営を見守る体制を構築することができるのです。この仕組みを理解していただければ、経営者が後継者に会社を譲る、経営者に役員退職金を支払うことにより自社株が極限まで下がるタイミングで後継者に自社株を譲ることについて、経営者のみなさんの抵抗は少なくなるのではないでしょうか。

コラム●事業承継に活用されるさまざまな制度

組織再編を活用した自社株対策について説明してきましたが、私たちは、それ以外にもさまざまな制度を使って、経営者のみなさんのご相談に対してアドバイスを行っています。ここでは、私たちが日頃、事業承継に対するアドバイスで大いに活用している制度の一部を簡単に紹介しておきます。経営者のみなさんの改善策のヒントになれば幸いです。

【従業員持株会】

従業員持株会と呼ばれる組合を社内に置き、従業員に自社株を購入してもらう場合に活用します。会社の業績が安定していればいるほど株価は高くなり、経営者から後継者に自社株を譲る際は、株価の高さが問題になります。しかし、第三者（従業員）に自社株を譲る場合は株価を安く設定することができます。そこで従業員持株会を活用し、安価で株を移転できるメリットを使って、大きく経営者の持株比率を下げ、経営者の財産を減らしていく効果があります。買い手となる従業員が一定数揃えば従業員持株会をつくることができますが、従業員持株会では、従業員が退社する際に自社株を返還するなど規約を設けることができるので、自社株が外部に分散したりするようなリスクはほとんどありません。従業員には毎年配当を出すことで、モチベーションアップにつながるというメリットも考えられます。

デメリットは、従業員持株会に一定数の自社株を持たれると、帳簿の閲覧権が与えられることです。もちろん通常の雇用関係であれば帳簿の閲覧権を行使することなど考えにくいことですが、株主としての権利は持っていますので、労使関係で問題が生じたり、経営陣と従業員との間でトラブルが生じた場合には問題が顕在化してくる可能性があります。従業員持株会の持分があまりにも大きくなった場合にはそのリスクも大きくなりますので、過度に従業員持株会に持たせすぎないことが大切です。

【種類株式】

株式にさまざまな設計をつけることができる制度で、タイプは以下の9種類です。

①剰余金の配当規定
②残余財産の分配規定
③議決権制限規定
④譲渡制限規定
⑤取得請求権規定
⑥取得条項規定
⑦全部取得条項規定
⑧拒否権規定（いわゆる黄金株のことです）
⑨役員選任権規定

事業承継の場面で活用するのは、主に①剰余金の配当規定、③議決権制限規定、⑥取得条項規定、⑧拒否権規定（黄金株）です。

たとえば先に紹介した従業員持株会が保有する株式について、種類株式を活用し、「議決権を無くす設計（③議決権制限規定）」「配当を優先してもらえる設計（①剰余金の配当規定）」をすることで、従業員にとって安定的に配当をもらえるインセンティブプラン制度をつくります。そして、経営者にとっては、従業員持株会の株式がすべて議決権のない無議決権株式になることにより、経営権をしっかり確保できる体制が整えられるため、双方にとってメリットのある仕組みを作ることができます。

そのほかにも、一定の条件を満たすことで、会社が株主から強制的に株式を取得することができる取得条項付株式など、株主の属性に合わせて株式ごとのルールづくりを行うことで、円滑な事業承継の仕組みを作ることができる、とても有効な制度です。

【属人的株式】

種類株式に良く似ていますが、種類株式が株式そのもののルールを設計するのに対して、これは株式を持つ人ごとにルールを設計することができる制度です。「配当」、

「残余財産」、「議決権」の3つに対して権限を変えることができます。経営者が持つ株式は1株で100個の議決権を持つといった細かなルールづくりを行うことで、経営者が手元に1株だけ残して、残りを後継者に渡してしまったとしても、議決権を保ち続けることができます。共同で会社を興したときにも役立つ制度です。たとえば、出資者と、実務上のアイデアを提供する人といった役割によって権限を変えることで、双方にとっての平等性を保つ工夫としても使われます。

しかしながら、設計次第では誰にでも強力な権限を与えることができてしまう制度でもあります。そのため、しっかりと制度を理解して、対策を整えないと、逆効果を生み出すこともあるので、種類株式を設計する場合を含めて、専門家にしっかり相談することをおすすめします。

【一般社団法人、一般財団法人】

あまり馴染みがないかもしれませんが、一言でいうと「持分のない法人」のことです。株式会社の株式のように持分がないので、誰かが配当をもらったり、権利を売ってお金に換えたりというようなことはできません。したがって、これらの法人が持っている財産には相続税がかからないといった特徴があります。平成20年に制度が大きく改正され、とても使い勝手がよくなったことで、活用するケースが増えてきました。

これらの法人に資産管理機能を持たせたり、従業員持株会のような機能を持たせたりとさまざまな使い方があります。少しイメージが湧かない部分もあるかと思いますので、実際に我々が活用した事例を使って説明します。

その一族は古くからその地域に根をおろし事業を行っており、その事業を行うための不動産を持っていました。事業はその一族が力を合わせて行っていましたが、不動産の所有者はその一族のうちの一人でした。事業の継続にはその不動産が不可欠なのですが、所有者の家族と所有者以外の一族の仲が、うまくいっているとは言い難く、所有者に万が一のことが起きた場合には、不動産を使い続けることが困難になるかもしれないという問題を抱えている状況でした。そこで不動産を個人の所有から一般社団法人の所有とすることで、不動産を個人から切り離し、一族全員が一般社団法人を通じて不動産を管理できるように仕組みを整えました。こうすることで、従前の不動産の所有者に万が一のことがあった場合でも、不動産が事業に関与していない相続人に渡ってしまうことがなくなり、事業に関係する一族だけでその不動産を管理し相続税を気にすることなく次世代に繋いでいく体制を整えることができました。
一般社団・財団法人が保有する財産には相続税がかからないということであれば、相続税の対策が必要な自社株をこれらの法人に持たせてしまえばいいのではないかと考える方がいるかもしれません。しかし、自社株の問題は相続税の問題から切り離してしまえば全て解決するほど簡単なものではありませんし、これらの法人にどうやって持たせるのかといった問題もありますので、私たちはそこまでの活用はおすすめしていません。また、この制度は改正が行われてから、まだまだ歴史が浅いため、税制が変わる可能性も大いにあります（平成30年税制改正において、相続税の取扱いについて改正が予定されています）。実際に活用するときには、必ず専門家に相談するようにしてください。

【信託】

一般社団・財団法人と並んで、最近利用が進んできている制度です。名前のとおり、「信じて託す」ということで、財産の運用や管理などを信頼できる方にお願いするときに利用します。信託銀行などに財産を預けることをイメージするかもしれませんが、ご家族に任せることができますし、私たちがこの制度を活用する場合には、ご家族への信託を想定しています。この制度もわかりにくいかもしれませんので、具体例をあげて説明します。

4章で経営者の意思能力が低下してしまった場合には、株主総会で何かを決めることもその株式を譲渡することもできなくなってしまうという話をしましたが、この問題を信託を使うことで解決することができます。具体的には、経営者が持っている株式を後継者に信託し、何かあればその株式の運用や管理を後継者に任せることにします。そうすると、経営者が元気なうちは、その株式の権利を自分で自由に行使することができますので、信託する前と状況はなにも変わりません。ただし、経営者に不測の事態が発生した場合には、信託を受けた後継者が経営者に代わって株式の権利を行使することができますし、相続が発生した場合にその株式が相続人の共有となってしまうことなく全て後継者に承継させることもできます。こうすることで、会社の運営が滞ってしまうという最悪の事態を防ぐことができるのです。

それ以外にも信託にはさまざまな活用法がありますので、よくわからないという理由で敬遠するのではなく、詳しい話を聞いてみていただければと思います。

第6章

事業承継を成功させるために

知っているのと知らないのでは大違い

●無知であることの恐ろしさ

本書では、とても難しい事業承継に関して、なるべくわかりやすくお伝えできるよう、難しい税務の細かい話はなるべく抜きにして、事業承継の準備をしておくことの重要性や事業承継のスタートラインに立った経営者が知っておくと、進め方が変わってくるというポイントをかいつまんでお伝えしました。

事業承継には後継者問題、自社株問題、相続問題という3つの課題があり、その課題を解決しながら廃業を除いた3つの出口に落とし込む。しかしながら、会社の在り方などが多様化してきた昨今、3つの出口だけでは解決できない、各会社の課題があるので、組織再編というオプションで、細かくカスタマイズしていきましょうというお話をしてきました。

本書を読んでいただき、税務の仕組みに対する理解が深まらなくても構いません。本当に税務のことを知りたいとお考えなら、良書はたくさんあります。

ですが、事業承継になるべく早く取り組もうと思われたり、本書で紹介した事例の中から、「うちの会社が抱えている課題と似ているな。もしかしたら解決できるかも」と思っていただけたら嬉しいです。特に事業承継における組織再編の活用法については、まだまだ一般的ではないので、組織再編というものがあるらしいということだけでも覚えておいていただきたいところです。

会社が抱える課題があるならば、顧問税理士に「組織再編っていうのがあるみたいですね」と聞いてください。そこでリアクションがあるならば、組織再編に詳しい税理士だと思います。その複雑化した課題に一筋の光を差し込んでくれる税理士であるかもしれません。

成り行き任せの事業承継は、とてもリスキーです。成り行き任せにしないためには、「事業承継のことを少しでも知って、意識しておかないと、リスクが生じるかもしれない」ということを知ることが大事だと考えます。

事業承継を進めていく場合、色々な場面で税金の問題が立ちはだかることになります。なので、事業承継で失敗しないためには、事業承継および組織再編の知識・経験を備えた税理士と出会えるかどうかが大きな鍵を握っているといっても過言ではありません。では、どうやって税理士を見分けたり、税理士と良好なパートナーシップを築けばいいのでしょうか。

税理士を味方につけるには

●顧問税理士との関係性、希薄になっていませんか？

スムーズに事業承継を進めていくには、事業承継に詳しい税理士とタッグを組むことがとても重要になってはくるものの、どうやって信頼できる税理士と出会えばいいのか。もしかしたら、この信頼できる税理士と出会うことが一番難しいことなのかもしれません。思い出していただきたいのですが、現在の顧問税理士とはどのようにして出会われましたか？

たとえば、あなたが起業する際に参加した起業セミナーが税理士事務所主催のもので、受講後に主催者であった税理士事務所に依頼したとか、知人に紹介してもらったとか、以前勤めていた会社が依頼していた税理士事務所にお願いしたとか、そういった経緯だったでしょうか。

いずれにしても10年くらい前までは、どんな中小企業でも、顧問弁護士はいなくても、顧問税理士はいるというのが当たり前でした。

経営コンサルタントや中小企業診断士など、経営者にアドバイスをしてくれる役割を担う業種はいろいろと存在しますが、経営者の一番近くにいて、経営判断や組織運営など税務以外のことにまでアドバイスをするのが税理士という存在でした。

顧問税理士になれば毎月1回程度のペースで経営者に会うので、その場で税務以外の話もします。財政面も含め、会社の内情をよく知っているからこそ、経営者の課題や悩みに寄り添い、課題や悩みを解決するための専門家を紹介したり、アドバイスしたりという、経営者にとって税理士はいわば参謀のような存在でした。税理士の大先輩などに話を聞くと、経営者の相談役として、税務へのアドバイスにとどまらない、密度の濃い仕事をされていたと伺えることがあり、経営者にとって不可欠な存在になることこそ、税理士として働く私たちの理想だと感じます。

しかし時代が変わって、税理士の存在意義も変わってきてしまいました。その背景には、税理士を取り巻く環境の変化があります。

最近では、税理士を無料で紹介するマッチングサイトが多数みられるようになりました。ウェブ上で簡単に税理士とコンタクトが取れるだけでなく、みなさんが一番気になるであろう税理士の報酬の相場まで全部丸わかりです。平成13年までは、広告規制があったので、税理士がウェブ上で広告を打つことが難しかったのですが、今は規制が緩和され、誰もが積極的にPRを行えるようになりました。

そこで何が起きたのかというと、価格競争です。他の税理士と差別化するために、一番わかりやすいのは価格なので、とにかく安く税務相談ができますと謳うところが増えました。顧問料を安くするかわりに、毎月1回の定期的なミーティングを半年に1回で済ませようとか、書類のやり取りだけで顔すら合わすことがないまま記帳代行だけして終わりというケースも増えました。価格がコンパクトになったぶん、税理士もサービスを絞らざるを得なくなったわけです。

そうなると顧問税理士との関係がどんどん希薄になります。顔を合わすこともない顧問税理士には、経営面の一歩踏み込んだ話や相談をすることもなくなるので、経営者の参謀という役割も担うことがなくなります。

事業承継で失敗し、廃業してしまう企業が増えたことの背景には、顧問税理士と経営者の関係が希薄になり過ぎたことも、少なからず関係していると私たちは思います。もしも、廃業の一歩手前で相談できる顧問税理士がいたならば、廃業せずに済んだ企業はもっとあったはずなのに、とても残念です。

顧問税理士との関係はどうですか？

「あまり腹を割って話せる感じじゃないな」

「顧問税理士との関係性、改めて考えたこともなかったな」

「今の顧問税理士以外、お願いしたことがないからわからない」

「顧問税理士に込み入った話をしていいのか。そんなふうに考えたこともなかった」

思い当たる節があるならば、顧問税理士との関係性を、一度見直してみてはいかがでしょうか。

●パートナーとなる税理士、どう選べばいい？

税理士である私たちから言うのも変な話ではありますが、みなさんは税理士をちょっと怖い存在だと思っていませんか？

経営に直接かかわる税務の話をしなければならない税理士には、当然のことではありますが、会社の経営状態をすべて把握されています。痛いところを突かれる存在というのか、こんな経営状態は健全とはいえませんと叱られる、怖い存在という印象があるのかもしれません。

「社長、このままでは今期の決算が赤字になってしまいますよ」

「この経費は、税務上費用として認められません」

税理士は口を開けば、耳の痛いことしか言わないと思われている方が多いのではないでしょうか。

税務というのはとても複雑です。本書で何度もお伝えしていますが、経営者が税務について熟知していることはまずありえませんし、熟知する必要もありません。なぜならそれは税理士の仕事だからです。しかし、人間は自分が苦手なことを話すことに対して、多かれ少なかれ苦痛を感じますし、できることならば耳の痛いことは言われたくないと思うのが本音です。自ら積極的に税理士に関わろうとする経営者は少なく、できればあまり関わりたくないと思われるのが税理士という存在なのかもしれません。

さらに言えば、一度顧問契約を交わした税理士に対して、遠慮のような気持ちがないでしょうか。

自分が理解していない税務のプロに対して何か指摘すると、「社長はよくご存知ないかもしれませんが、税務というものはこういうものです」と返されてしまったら、嫌な気分にもなります。自分が理解できていないことだし、「疑問は解決できなかったけれど、プロがそう言うんだから大人しく黙っていればいいのかな。間違ってはいないようだし……」と、消極的になってはいないでしょうか。

税理士は士業といわれる、国家資格を取得した人間しか務めることができない仕事です。しかし、だからといって偉いわけでもありません。それなのに、なぜか偉い人という印象があります。税理士である側としては、そんなことは思ってなくても、税理士に対してある、「偉くて怖い人」という印象が、パートナーシップを築きにくくしているようにも感じます。

せっかくご縁あって本書をお取りいただいた経営者のみなさんには、経営者と税理士のパートナーシップが良好であればあるほど、税務を含めた経営面が改善されるのだということをご理解いただきたいです。特に中小企業で、優秀な経営陣を採用するような余裕がない、同族経営でどうしても身内の話が絡んでしまうから、幹部であっても従業員には話しにくいことがあるとお悩みでしたら、今一度、税理士との関係性を見直すことをおすすめします。そして、より良いパートナーシップを築くために、現在の顧問税理士が、ご自身にとって最適なパートナーなのかを再確認してはいかがでしょうか。

これは、現在契約されている顧問税理士の先生方を悪く言いたいのではなく、顧問税理士を積極的に変えましょうと言いたいのでもありません。経営者側から、何かアクションを起こすことで、信頼関係の密度が増すかもしれないという提案なのです。そして、私たちも一税理士として、自分たちへの戒めも込めて、良い税理士の選び方を考えてみました。

●セカンドオピニオンは当たり前

税理士業界も競争は激化の一途をたどっています。ウェブなどでしっかりと情報を公開し、差別化を図りながら、自分たちをアピールしなければ生き残れない時代になりました。ということは経営者側からすると、ウェブを使って税理士を簡単に探すことができますし、初回無料で相談に乗ってくれる税理士も多いため、そこを上手に使えば、今はより良いパートナーシップを築ける相性の良い税理士に出会うチャンスがたくさんある時代だといえます。

以前は、少し上から目線で経営者と接する大御所税理士もいるにはいましたが、これだけ価格競争が激化し、どの税理士事務所も顧客を探すために必死なので、そんな高圧的な態度を取るようでは、仕事が来ません。ですから〝税理士の先生様〟といった態度で接するような税理士に出会うことは少ないと思います。それでも高圧的だと感じられるのであれば、パートナーシップも何もあったものではないので、他の税理士をあたってみる判断基準としても良いでしょう。

それから、税理士と顧問契約をしていても、他の税理士にセカンドオピニオンを依頼するのは違法でも何でもありません。何か気になるところがある。たとえば相続税対策として、何かより良い改善策はないかなと思ったら、他の税理士に相談してみればいいと思います。病気と同じでセカンドオピニオンを受ければいいのです。

セカンドオピニオンだけであれば、顧問税理士に相談する必要はありません。仮に顧問税理士に確認しなければわからないことが生じた際に、顧問税理士に確認を取って、嫌な顔をするようであれば、パートナーシップを見直す理由に値するでしょう。

あなたが病院に行って、がんであると診断されたとします。それでも、どうしても診断結果や治療方針に納得がいかない。そうなればセカンドオピニオンを受けると思います。その際に、その医師が、「自分の判断が絶対に正しい」と言い出したらどうでしょうか？「本当に私の身体のことを考えてくれているのかな？」と疑問に思い、信頼は失せますよね。

顧問税理士にしてみれば、セカンドオピニオンをきっかけに、顧問契約を切られるかもしれないと危機感を抱き、セカンドオピニオンに消極的な態度を取るのかもしれませんが、顧問料を支払っているのも、会社の将来に責任を負うのも、税理士ではなく経営者です。税理士にとやかく言う筋合いはないのです。

また、私たちのような事業承継に特化した税理士は、言わばがんセンターみたいな存在で、一つの病気に対する専門家です。一方顧問税理士は、かかりつけ医のような存在で、会社の内容を熟知し、常日頃から経営者の身に起こるさまざまな問題を一緒に考えてくれることを期待されています。同じ税理士であっても役割が大きく違うので顧問税理士も、私たちのような事業承継に特化した税理士に対して、強い対抗心などは持たないと思います。役割の違いを理解していれば、対抗心など持つ必要はないからです。

これはがんかもしれない、でもうちの病院では対処できる設備もない。ならば隣町のがんセンターで、ちゃんと治療してもらおうと、柔軟に対応できる顧問税理士、セカンドオピニオンは当たり前だと言ってくれる税理士ならば、安心してパートナーシップを築けるように思います。

しかしながら、ウェブで探してきた良さそうな税理士であっても、実際は何度か一緒に仕事をしてみないと判断できないと思います。何度か仕事をしてみて、何となく相性が良くないと感じたら、また探せばいいのです。比較しなければわからないこともあります。知り合いの経営者にいい税理士がいないか相談してみるのもいいかもしれません。

事業承継の相談で経営者と話しているときに、「顧問税理士の先生には相談されましたか?」と聞くと、「相談していない」と答える経営者は意外と多いです。気を使っているのか、そもそも相談してもいいと思っていないのかはわかりませんが、顧問税理士を活用しきれていないと残念に思います。

もっと積極的に税理士とコミュニケーションを取ってみてください。コミュニケーションを取らなかったことで逃すことはあっても、コミュニケーションを取ったことで失うことは何もありません。むしろプラスに転じることが増えて、あなたの会社にとって良い作用をもたらしてくれるはずです。

ビジョンはありますか？

●会社が10社あれば、10通りの事業承継がある

税理士は何をする人ですかと問われたら、当然ですが「税務にまつわるプロ」という答えが返ってくるでしょう。私たちもスムーズな税務を行い、健全な会社経営をサポートしながら、適切な節税を行うことが税理士の仕事だと考えています。

しかし、事業承継においては少し勝手が違います。

事業承継において最も重要なのは、経営者や後継者が考える会社の将来に向けたビジョンを明確にし、会社が継続・発展していくため、後継者へ円滑に事業を承継させることです。経営者が後継者に会社を譲る段階で発生する膨大な税負担をできるだけ少なくすることも重要な要素ではありますが、事業承継に深くかかわり続ける中で、節税の方法をアドバイスするだけでは、事業承継における経営者のニーズを満たすものにはならないと強く考えるようになりました。

経営者の多くは、事業承継における税務について深く考えてはいません。漠然と「相続

税が高額だったらどうなるのか」という程度の不安や認識はあるものの、税務に詳しいわけではないので、解決策を経営者自身が打ち出すことはできず、税理士頼みにならざるを得ないということもあります。また、事業承継とは、経営者の引退ということにもつながるため、自分が会社を譲ったあとのことにまでイメージが湧かない、むしろ積極的に考えたくないという経営者が多いはずです。

しかし私たちは、税務よりも先に、経営者がやるべきことがたくさんあると考えています。そのやるべきことは何かというと、後継者を育てたり、一定の歴史を重ねてきたなかで、なおざりになっていた会社の組織体制を整えることです。自社株の管理など、もちろん税務に関連してくることはたくさんありますが、まずは経営者がこの会社をどうしていきたいのかというビジョンを明確に持つこと。そして、そのビジョンを実現するために、税務という課題があるのだと思っています。

そう考えると、事業承継は税金の話のみならず、さまざまな角度から会社を考えていくことが求められます。私たちは会社にとって、あくまで外部のビジネスパートナーですが、会社の未来に少しでも関わらせていただくため、個々の会社への想い入れはとても深くなります。私たちが提案したことを受け入れてくださって、実際に実行した結果、あまり芳しくない状況が生まれたとしたら、大問題です。また、事業承継は、やり方一つによって、あまり芳しくない状況を生む可能性もゼロではありません。

一つの会社の未来を多少なりとも託されている私たちは、さまざまな角度から会社の未来を考える一つの方法として、組織再編という手法を導入し、会社によって条件の違う事業承継にベストなアドバイスを行うようにしていますが、会社というのは一つとして同じ会社は存在せず、個々の会社に合わせた事業承継があるのだと改めて感じます。

●結局重要なのは信頼関係

税理士は、税務のプロであり、常に決算書を見ながら数字を追っています。

しかしながら、数字から伺い知れる情報というのは、それほど多くないですし、数字から読みとれる情報が適切な情報だとも言い切れないと思っています。

いかに信頼できる税理士に出会うのかということにも通じますが、結局のところは、たくさん話すことしかないのかなと思っています。事業のことだけでなく、時には経営者のプライベートなことまで知ることで、事業承継をどのように進めたらいいのかという回答へのヒントが見つかることもあるのです。

インターネットがこれだけ普及している今、基礎的な情報はさっと調べられます。わざわざお金を出してまで、プロに相談しなくてもいいと思われる人もいるかもしれません。しかし、ただ情報を知っているだけというのと、情報を知り、その情報を活かしながら正しく実践していくということは違います。その正しい実践こそが、まさにプロの仕事ではないかと考えています。

経営者と税理士は、あたり前ですが専門分野が違います。経営者にしかできないこと、税理士にしかできないことがあります。経営者が一生懸命税金の情報を調べて、一人ですべてやろうとするのは、本末転倒ですし、そもそも税理士にかなうはずがありません。税に関するリスクから経営者を守るということは、税理士に与えられた使命なのです。

私たちは、経営者からご相談を受け、事業承継のプランを提案するわけですが、よりよい提案をするためには、経営者である皆さんからしっかりお話を伺うことはもちろん、会社のこともしっかり把握し、さまざまな税のリスクを想定し、考慮しなければなりません。さまざまな経験をもとに、私たちらしいサービスを提供するためには、常に知識を吸収すること、研鑽を怠らないことも重要ですが、最も重要なのは、経営者との信頼関係だと感じています。

先に信頼できる税理士を見つけるにはどうしたらいいのかを書きましたが、税理士としての知識や実績は、信頼関係の構築に重要な要素です。しかしながら、それだけで信頼関係が築けるとは思っていません。

私たちが普段提案させていただくときに大切にしているのは、「やらない（やる必要がない）選択肢を持つこと」、「自分たちの尺度で物事を考えすぎないようにしていること」です。

こう言うと語弊があるかもしれませんが、私たちも少なからずビジネスですから、例えば「Aというサービスを受けたい」という依頼に対して、依頼どおり手厚いサービスを実施して、その分手厚い報酬をいただくことが良いことなのかもしれません。しかし、Aというサービスを提供することが、効果があるとよく知られた手法であったとしても、それが必要ではない会社もあります。その会社にとってあまり効果がない場合、やらないという選択肢を提示することも私たちの大切な役割だと考えています。

また事業承継におけるケースはさまざまで、一つとして同じパターンはありません。とはいっても大きく分類することはできます。こういうパターンであれば、こんな体制を整えるのがいいかなと、今までの経験で提案はできます。ただ、これがベストです、と自分たちが良いと考える提案にあてはめて押しつけることのないようにしています。実際にプランを提案させていただきながら経営者とお話ししているときも、何か指摘をいただいたり、これは少しイメージと違うといわれたら、またプランを考えなおし、提案するようにしています。

税理士とは、どこか職人気質といったらいいのか、税務オタクといったらいいのかわかりませんが、業界としては限られた世界なので、どうしても視野が狭くなってしまいがちなところがあります。しかし、そうした従来の税理士のイメージを破って、経営者側の目線に立つことを大事にすることで、より良い信頼関係が築けるのではないかと考えています。これからの税理士に求められるのは、とことん自由な発想なのではないでしょうか。

●あなたの想いを聞かせてください

本書で最初にご紹介したように、仮に事業承継は10年単位で準備していくものであるとすれば、私たちも10年単位でのお付き合いになります。長い時間をかけて、じっくりと進めていくものだからこそ、その都度方向を調整することが可能ですし、会社の状況が変わった場合に、再度プランを提案することができるのです。

経営者が高齢化し、事業承継を行わなければならなくなったという現実が目の前にある。事業承継を上手に行えば税金対策にもなる。確かにそうなのですが、だからといって、やみくもに事業承継、組織再編という話ではないと思います。

「事業承継しなくちゃいけないでしょ」

仕方ないといった感じで話される経営者も中にはいますが、〝～しなければいけない〟というのは、どこか他人事です。

しかし一見、他人事のように聞こえる言葉の裏には、どうしていいのかわからないといった、モヤモヤする気持ちが隠されているように思います。その言葉の裏、一歩踏み込んだところまで話をしっかり聞いてみないと、経営者が求めていることはわからない。言葉の裏に隠された本音にはたどり着けません。そして私たち税理士は、そうした経営者の感情の起伏に寄り添って、常に最善だと思える提案をしなければいけないと思います。

まずは10年単位で事業承継を考えてみてください。

そして、経営者としてのビジョンを聞かせてください。

２つの思いに、私たちの事業承継におけるノウハウが重なったとき、本当に素晴らしい提案になり、後継者が引き継いでくれる、会社の未来が明るいものになるはずです。

コラム●本書の著者は、どんな税理士？

６章では、税理士とのパートナーシップを築くために、いろいろ話をしながら、理解し合うことが大事だとお伝えしました。それなのに著者である私たちのことを知っていただく機会がゼロでは説得力がないと思いました。そこで私たちの人となりを少しでも知っていただくために、Q&A形式でいくつかの質問に答えてみました。少しでも親近感をもっていただければ幸いです。

◎税理士になろうと思ったきっかけは？

【小西】

まだ中学生だった頃、父親に将来について尋ねられました。その時は毎日野球ばかりで、将来のことなんて何も考えていなかったので、「サラリーマンにはなりたくないかな」と答えたところ、父親から税理士という職業があることを聞きました。子供ながらに少し記憶にありますが、実は父親も、サラリーマンとして夜遅くまで働きながら税理士試験の勉強をしていた時期があったようです。自分が果たせなかった夢を息子の私に託したかったのかもしれませんが、その何気ないひとことで、税理士という職業を知り、税務にはつきものの数字が好きだったこともあり、税理士を目指すことにしました。

税理士の試験を調べてみると、一度に全部合格する必要がなく、徐々に合格していけばいいこともこの資格を選んだ理由でもあります。資格があればサラリーマンとして会社勤めしなくてもいい、自由に働くことができるとも思っていました。

【小林】

慶應義塾大学の付属高校に進学し、高校時代は本当に勉強しませんでした。高校時代の遅れを取り戻すため、大学に入ったら何か資格をとろうと決めていたので、いくつかあった候補の中から、税理士を選びました。ちょうど就職氷河期であったことも影響しているかもしれません。税理士は経営者の味方になって色々なアドバイスをしながら、会社を守る側に立つ仕事。どうせならお客さまに喜んでもらえる仕事に就きたいと思ったことと、どうせ勉強するなら、必死になって勉強しなければ取得できないような資格でないと、取得しても役に立たないと考えた結果、税理士を選びました。

◎どういうときにやりがいを感じるか？

【小西】

事業承継という分野は、人の感情が大きく関わってきます。単に知識だけを使って税負担を減らす合理的な提案だけではいい提案とはいえません。同じような提案だったとしてもその提案に対する経営者の反応はさまざまで、10社あれば10通りの答えがあります。なぜあの経営者は、この提案に興味を示してくれなかったのだろうかと、いくら考えてもわからないこともあります。特に後継者に会社を譲らなければならない経営者にとって、私たちの提案は、受け入れ難いものも少なくないと思います。それでも、打ち合せを重ねていくなかで、経営者の方に信頼していただき、任せてもらえたなと感じる瞬間があります。この気持ちが通じたと感じる瞬間、やりがいを感じます。

【小林】

事業承継の相談を受けていると、経営者ごとにそれぞれ違った悩みや問題に遭遇します。相談を受けた後、この経営者にはどんな提案がふさわしいのかヒアリング内容や基礎資料を何度も確認して、何日もかけて構想を練るのですが、この作業が実を結び経営者のみなさんに提供できるに値するものができあがったときの達成感にやりがいを感じています。そして、できあがった提案に経営者のみなさんが興味を示し、感謝の言葉をいただいたとき、本当にこの仕事をやっていてよかったと思えます。

◎お互いのことをどう思っているか？

【小西】

私は基本的に大雑把な性格ですから、しっかり緻密にやってくれる小林は非常に頼りになるパートナーです。税務の知識の豊富さには本当に助けられています。私はいろいろなことに興味を持つタイプですが、小林は一本筋が通っていて、私が意見を求めたときも「確かにそうだな」と唸らせる意見を言ってくれることが多いです。提案をするときも、知識に頼りすぎない柔軟な発想は見習いたいところです。ただ、税務の知識の豊富さからはイメージできない、IT音痴ぶりにはこれはこれで知識のバランスは取れているんだなと感じることもあります（笑）。私とは性格も考え方もあまり似ていませんが、こと事業承継をやっていくにあたってはお互いにバランスが取れているような気がします。これから事業承継専門でやっていくにあたって欠かせないパートナーであるのは間違いありません。

【小林】

とても頼りがいがある兄貴のような存在です。お互いの家族を踏まえ、一緒にキャンプに行ったりするのですが、何もできない私に対するしきりが完璧です（笑）。

私はどちらかというと職人肌、税務オタク的な要素が強いのですが、税務に縛られず広い視野を持ってこの仕事をしているなと感心しています。100年経営研究機構の監事として、税務とは全く関係のない目線で事業承継について学んでいることもその一つです。税理士ですが、あまり税務は好きじゃないのかなとたまに思ったりします（知識はもちろんありますが……）。事業承継は税務だけで解決できる問題ではないので、業務以外のところでのさまざまな専門家とのコミュニティーを作っていくことが、私たちの業務の幅を広げていくことに繋がるんだろうと思っています。本当に心強いパートナーです。

みなさんが思い描かれる税理士っぽさを裏切らない、真面目にコツコツと勉強し続ける小林と、税理士っぽさには欠けるけれど、横断的な広い知識を持つ小西、私たち2人がペアを組み、それぞれが足りない部分を補い合い相乗効果を生み出すことで、事業承継というさまざまな専門性が必要になる複雑な分野において、広く、そして、深いアドバイスができるのではないかと感じています。

おわりに

本書の著者である私たち、小西孝幸と小林将也は、２０１２年に設立したワイズ・パートナーズ税理士法人の代表社員（税理士）です。

全国には数多くの税理士がいますが、私たちが専門としているのは事業承継であり、私たちはこれまで数多くの会社の事業承継の相談を受けてきました。おそらく事業承継ということに限れば、ここ数年でも２００件ほど経験しています。

自ら言うのもおこがましいのですが、事業承継を専門にしている税理士は、ある意味税理士業界では異端です。もちろん税理士が担うべき役割の一つとして事業承継を得意とする税理士は他にもいますが、役割の一つとして補完している税理士が多い中で、私たちは「事業承継専門」を掲げています。

税理士と聞くと、多くの経営者が顧問税理士を想像されると思いますが、私たちは会社の顧問税理士になるというのではなく、事業承継に取り組みたいという意志のある経営者を顧問税理士や経営コンサルタントから紹介いただいて、事業承継部分だけを担当させていただくというスタイルで活動しています。顧問税理士として事業承継もできますよ、というのではなく、各会社の事業承継のみを担当しているので、ちょっと変わっていると思います。

ではなぜ、私たちが、ちょっと変わった税理士となったのでしょうか。

私たちが以前勤めていた事務所は、組織再編を活用したコンサルティングを主たる業務としており、私たち自身も日常業務として数多くの組織再編の事案に携わってきました。新しく法人を立ち上げて、これまでの経験を活かし自分たちが何を目指すべきなのかを考えていたとき、一つの事業承継の事案に出会いました。この出会いにより、「組織再編の知識は事業承継ととても相性がいい。この知識が事業承継の問題を解決していくための大きな武器になる」と、外に出てみて初めて、自分たちの個性に気づいたのです。

そして、経営者のみなさんが事業承継について十分なサービスを受けられずに悩まれていることを知り、この悩みを数多く解決することが自分たちの目指すべき道なのではないかと考えるようになりました。外の世界を知らないままであったら、事業承継に特化した税理士がほとんどいないということにも気づくことができなかったと思います。

また、事業承継専門でやっていこうと決意した背景にはさまざまな方との出会いも大きく影響しています。

　ワイズ・パートナーズ税理士法人設立から2年ぐらい経った頃、ご縁があり、シェル石油、日本コカ・コーラ、ジョンソン・エンド・ジョンソン、フィリップなど、グローバル・エクセレント・カンパニー6社で社長職を3社、副社長職を1社務められた新将命氏の経営私塾、「新志塾」で学ぶ機会を得ました。新志塾では、企業が勝ち残っていくために、経営者は、理念、目標、戦略を掲げ、しっかりと方向性を示していくことが重要であること、そして、その前提となる経営者品質、人財の大切さなど経営者が知っておかなければならない経営の原理原則を学ぶことができました。これは、これまで税務しか知らなかった、言ってみれば職人だった私たちには新鮮な学びであり、単に漫然と業務をこなしていくだけでなく、「自身の方向性、今後何を目指していくべきなのか明確にしなければならない」と経営者視点を持って考えるきっかけを得た大きな転換期でした。

　その後、日本の長寿企業・ファミリービジネス研究の第一人者である後藤俊夫先生に出会い、一般社団法人100年経営研究機構の活動に携わらせていただくことになりました。この活動を通じて、後藤先生の長年の研究データや具体的な長寿企業の事例を基に「企業が長く続いていくためには何が必要なのか」ということを、さまざまな視点から日々学んでいます。老舗企業の経営者のお話を伺う機会も多く、税理士として事業承継の実務に関わっているだけでは見えてこない事業承継の難しさ、奥深さに触れる機会が増えてきたことも、より専門的に幅広い視点で事業承継に関わっていきたいという想いを強くした大きな要因です。

私たちができること。それは自分たちが知り得るすべての知識、そしてたくさんの実務をこなすことで得たノウハウで、事業承継に失敗して会社が廃業することのないように、経営者のみなさんをリスクから守ることです。

税理士の仕事は裏方ではありますが、経営者とビジネスパートナーとしての信頼関係を築き、お役に立つことができる、とてもやりがいのある仕事だと思っています。顧問税理士だけでは補いきれないところ。事業承継に特化することで、より精度の高い情報やノウハウをご提供し、顧問税理士とともに、全力でお役に立ちたいと思います。

しかしながら、経営者のみなさんからも会社の状況をしっかりと教えていただかなければ、最適な方法を提案することはできません。なぜなら事業承継は、税理士などの専門家だけでも実行できず、かといって経営者だけでも実行できないからです。経営者と専門家がタッグを組むことで、はじめて上手くいくことなのです。

経営者の希望に応えるだけでなく、積極的に提案できる税理士でありたい。経営者のみなさんとじっくり向き合い、話し合いを重ねることで、さらにレベルの高い提案ができるように努めていきたいと考えています。

「企業は社会の公器である」と松下幸之助は言いました。

会社は社会と共に発展していくものでなければならないというこの言葉になぞらえるならば、会社が社会の公器であり続けるために、私たちは全力で経営者をサポートしたい。事業承継という会社が永く存続していくための重要なターニングポイントにおいて、最良の解決策を提案し、会社の長期的かつ安定的な発展をサポートしながら、社会に貢献していきます。

ワイズ・パートナーズ税理士法人
代表社員　税理士　小西孝幸
代表社員　税理士　小林将也

〈参照〉

※1 〝社寺建築の金剛組〟「我々の歴史」
〈http://www.kongogumi.co.jp/enkaku.html〉２０１７年10月５日アクセス。

※2 〝いけばなの根源華道家元池坊〟「六角堂と池坊」
〈http://www.kongogumi.co.jp/enkaku.html〉２０１７年10月５日アクセス。

※3 〝川北新報　ONLINENEWS〟「〈ハーバード大〉企業の在り方被災地に学ぶ」
〈http://www.kahoku.co.jp/tohokunews/201701/20170125_13015.html〉２０１７年1月25日。

※4 〝ダイヤモンド・オンライン〟「初めて教壇に立った40年前とは様変わり　大変革したハーバードが日本の東北で学ぶ理由」
〈http://diamond.jp/articles/-/99324〉２０１６年8月19日。

※5 ハーバード・ビジネス・スクール日本リサーチ・センターアシスタント・ディレクター　山崎繭加（２０１６）「37名のＨＢＳ学生が東北の起業家から学んだもの」
〈http://www.hbs.edu/global/Documents/IFC%20Summary_jn.pdf#search=%27%E3%83%8F%E3%83%BC%E3%83%90%E3%83%BC%E3%83%89%E3%83%93%E3%82%B8%E3%83%8D%E3%82%B9%E3%82%B9%E3%82%AF%E3%83%BC%E3%83%AB+%E6%9D%B1%E5%8C%97%E8%A8%AA%E5%95%8F%27〉

※6 〝パナソニック〟「社史１９３２年」
〈http://www.panasonic.com/jp/corporate/history/chronicle/1932.html〉２０１７年10月５日アクセス。

小林 将也（こばやし まさや）

税理士
1980年生まれ　埼玉県志木市出身
慶応義塾大学法学部政治学科卒業後、独立系大手会計事務所に入社。売上100億円を超える超優良法人グループを数多く担当。組織再編業務を中心に大規模な税務調査対応に至るまで、その責任者としてさまざまな案件に従事した実績を持つ。
同会計事務所での10数年間に亘る勤務を経て、
2012年　ワイズ・パートナーズ税理士法人　代表社員就任
　多くの経営者が事業承継という重要な局面で、十分なサービスを受けられていない現実を目の当たりにし、今まで培った組織再編の経験を活かした事業承継専門税理士として活動することを決意する。
　経営者と接することの多い税理士などの士業やコンサルタントと広く提携し、多くの経営者が抱える事業承継や自社株に関する悩みを解決すべく活躍中。
　ここ数年間で手掛けた事業承継コンサルティングの案件数は、200件を超える。

　最近では、その専門性の高さから、特に税理士からの相談依頼が急増しており、顧問税理士との連携にも積極的に取り組むなど活躍の場がさらに広がっている。

【著者紹介】

小西 孝幸（こにし たかゆき）

税理士
1978年生まれ　福岡県北九州市出身
学習院大学法学部法学科卒業後、都内会計事務所へ入社。
オーナー系企業を中心に合併・分割といった組織再編業務に数多く携わり、10数年間の実績を積む。
2013年　ワイズ・パートナーズ税理士法人　代表社員就任

これまで培ってきた組織再編の知識・経験を活かし、中小企業の事業承継支援に携わるなかで、業界でも数少ない「事業承継専門税理士」として活動していくことを決意。

ここ数年の事業承継支援の案件数は200件を超え、昨今の、ビジネスモデルの短命化、事業の多角化といった企業の在り方が多様化する現代において、形だけではない経営者のビジョンや想いを形にした組織づくりを提案することを信条とする。

2015年　一般社団法人100年経営研究機構　監事就任

長寿企業・ファミリービジネス研究の第一人者である日本経済大学大学院特任教授の後藤俊夫氏を代表理事とした一般社団法人100年経営研究機構の活動に携わる。

長い歴史を積み重ねてきた事業承継の成功事例でもある長寿企業からの学びを活かし、税務だけにとらわれない、より幅広い視点から中小企業の事業承継をサポートすべく活動している。

2018年２月10日　第１刷発行

大事業承継時代の羅針盤

著　者　小西孝幸
小林将也

発行者　脇坂康弘
発行所　株式会社 同友館
〒113-0033 東京都文京区本郷 3-38-1
TEL.03(3813)3966
FAX.03(3818)2774
http://www.doyukan.co.jp/

落丁・乱丁本はお取り替えいたします。　西崎印刷／三美印刷／松村製本所
ISBN 978-4-496-05340-5　Printed in Japan